Christina Nack

Weintrauben für den Hausgarten

Inhalt

Vorwort

Weinanbau an der Nordseeküste, im Schwarzwald oder Alpenvorland? „Unmöglich!", werden Unbedarfte abwinkend antworten, „Zu kalt, zu hoch, zu wenig Sonne". Noch vor zehn, zwanzig Jahren war diese Einschätzung richtig, jetzt ist sie falsch – dank neuer robuster Rebsorten, an die sich Winzer erst langsam herantasten und die bei Privatgärtnern noch weitgehend unbekannt sind. Auch der früher berechtigte Hinweis, Wein sei extrem anfällig für Mehltaukrankheiten, ist kein Gegenargument für gärtnerische Experimente mehr. Dank jahrzehntelanger Forschung und Züchtung sind inzwischen Sorten auf dem Markt, die unempfindlich, manche annähernd resistent gegen Pilzerkrankungen sind und keinesfalls chemischer Hilfsmittel bedürfen. Solche Mittel sind in naturnaher Gartenbewirtschaftung ohnehin tabu, was nicht bedeutet, den Weinstock seinem Schicksal zu überlassen, im Gegenteil. Er will mit Respekt behandelt werden und ist ein Einzelgänger, der viel Raum und besondere Aufmerksamkeit braucht, um seine schillernde Persönlichkeit entfalten zu können. Doch leidenschaftliche Hobbygärtner werden den Aufwand als Lust und nicht als Last empfinden, zumal die Mühe reich entlohnt wird. Was kann es Schöneres geben, als im Herbst an der Sonne gereifte, pralle, duftende Trauben aus dem satten Grün oder dem feurig-roten Blattwerk zu pflücken und an ihnen zu naschen? Was Sie, verehrte Leserinnen und Leser, als Wein- und Gartenliebhaber tun können, um sich den Traum von eigenen Tafeltrauben zu erfüllen, erfahren Sie auf den folgenden Seiten.

Christina Nack

Königsfeld, im Januar 2009

Vom Wesen des Weins

Bevor wir einen Weinstock in unseren Garten pflanzen, sollten wir uns mit Herkunft und Wesen der Rebe befassen. Je besser wir das verstehen, desto besser können wir ihren Bedürfnissen Rechnung tragen. Bereits vor 80 Millionen Jahren, lange bevor es den Menschen auf der Erde gab, turnten Pflanzenarten der Gattung *Vitis*, zu der auch unsere Weinrebe, *Vitis vinifera* gehört, ungestört durch wilde Wälder – bis ihnen vor rund 8 000 bis 12 000 Jahren die ersten Siedler in die Quere kamen, Wälder rodeten, urbar machten und dem zügellosen Leben der Reben ein Ende machten.

Wein in der Mythologie

Seine zärtliche Zuneigung zu gegorenem Rebsaft hat Kurt Tucholsky so ausgedrückt: „Schade, dass man Wein nicht streicheln kann." Mit all den Aphorismen, Versen und Bonmots, zu denen Wein seit Jahrhunderten Dichter und Alltagsdenker inspiriert, ließen sich zweifellos ganze Bücherregale füllen. Oft geht es um die Gratwanderung zwischen Genuss und Verdruss, um das Pendel zwischen der fröhlichen Allerweltsweisheit „In vino veritas" („Im Wein ist Wahrheit") und der düsteren Vermutung „Wo Wein ist, ist keine Erkenntnis" aus dem jüdischen Talmud. „Drei Reben trägt der Weinstock, die eine bringt die Lust, die andere den Rausch, die dritte die Freveltat", skizzierte ehedem Epiktet (50–138 v. Chr.) den widersprüchlichen Charakter des Weins und seiner Wirkweise.

Symbol für das Leben

Wohl keine andere Kulturpflanze hat die Menschen so inspiriert wie der Weinstock, der von der Antike bis zur Gegenwart als Symbol für Wachstum, Ernte und das Leben schlechthin verehrt wird. Die Pflanze selbst, ihre Beeren und ebenso der vergorene Saft haben superlativische Eigenschaften, die stets Gegensätze in sich tragen und zu elementaren Assoziationen einladen. Wein hat mit 150 Jahren und mehr eine enorm lange Lebenserwartung, seine Beeren sind die süßesten aller Früchte, sein Saft verheißt den sinnlichsten und gesündesten Genuss für Leib und Seele. Doch wehe, der Mensch lässt sich zu Übertreibung verführen und respektiert nicht die Gebote der Mäßigung und der Balance. Wer zuviel Beeren nascht, wird mit verdorbenem Magen bestraft, wer zuviel Wein trinkt mit einem Brummschädel. Und der Rebstock selbst begibt sich in Streik, wenn seine Bedürfnisse und Ansprüche missachtet werden.

Noah, der erste Winzer

Die alten Griechen verehrten Dionysos, die Römer Bacchus, zu Ehren der Wein- und Fruchtbarkeitsgötter feierten sie ekstatische Feste, wobei aus dem heiligen Getränk oft ein unheiliges wurde – die zügellosen Ausschweifungen werden in der Literatur drastisch beschrieben. Auch in der Bibel stehen Segen und Fluch des Weins nah beieinander. Als die Sintflut überstanden und die Erde wüst und leer war, pflanzte Noah erst einmal einen Weinstock, entfaltete winzerische Aktivitäten und verfiel dem Genuss des Produkts. Nackt und betrunken schlief er ein und musste Hohn und Spott seines Sohnes über sich ergehen lassen – so steht es im Alten Testament. Im Neuen Testament schimpft Paulus mit den Korinthern, weil sie sich beim Abendmahl betrinken. In diesem religiösen Ritual symbolisiert Wein bekanntlich bis heute das göttliche Blut Jesu Christi.

Weinpresse aus dem Mittelalter

Die Rebe, eine uralte Kulturpflanze

Mit der Selektion und dem Anbau von Weinreben begannen die Menschen vor über 8 000 Jahren in Mesopotamien. Durch Eroberungs- und Entdeckungsreisen gelangten die Reben nach Südosteuropa, durch die Phönizier über die Ägypter zu den Griechen und Römern. Die ersten erfolgreichen Kelterversuche haben wir den alten Griechen zu verdanken, die zudem – auch in Ermangelung geeigneter Bäume – als erste auf die Idee kamen, Reben an Pfählen zu erziehen. Schon vor rund 2 500 Jahren rühmte Platon die Heilkraft des Weines und empfahl ihn wegen seiner „entspannenden Wirkung" vor allem älteren Männern. Das Symposion, ein kultiviertes Trinkgelage mit wissenschaftlichem oder kulturellem Anspruch, ist uns aus dieser Zeit sprachlich überliefert.

Wie alles begann

Vor rund 10 000 Jahren pressten die alten Ägypter erstmals Saft aus Weintrauben, die damals noch von den hohen und z.T. brüchigen Bäumen geerntet werden mussten. So begann die Geschichte der *Vitis vinifera*, der „weintragenden" Rebe, die sich in Jahrtausenden durch Selektion des Menschen zu den Unterarten *Vitis vinifera sylvestris* („wild",„im Wald beheimatet") und *Vitis vinifera sativa* („anbauwürdige Rebe") entwickelte.

Gastgeschenk der Eroberer

Römische Soldaten brachten den Wein bei ihren Eroberungsfeldzügen vom Mittelmeer über die Alpen nach Zentraleuropa, ein „Gastgeschenk", an das alle mitteleuropäischen Sprachen erinnern: Wein, vin, vino und wine stammen vom lateinischen vinum ab. Cäsar sandte seine Soldaten nur in den Eroberungskrieg, wenn für sie pro Mann täglich ein Liter Wein zur Verfügung stand, was in der damaligen Zeit die Versorgung mit einem hygienisch unbedenklichen Getränk bedeutete. Welchen Einfluss dies auf die Moral der Truppe hatte, ist nicht überliefert.

Wein für alle

Im Mittelalter wurde Wein zum Getränk für eine breitere Bevölkerung, da er im Gegensatz zu oft verschmutztem Wasser weniger Infektionsgefahren barg und im Winter nicht einfrieren konnte. Im 16. Jahrhundert brachten europäische Eroberer Wein in die Kolonialgebiete Südamerikas, ins südliche Afrika und nach Neuseeland. Bis heute spielen Wein und Weinanbau in Osteuropa und Asien eine vernachlässigbare Rolle, was mit den unterschiedlichen kulturgeschichtlichen Wurzeln zusammenhängt.

Krieg und Reblausinvasion

Vor dem 30jährigen Krieg hatte die Rebkultur in Europa ihren Höhepunkt erreicht, danach ging es erst einmal bergab. Durch die Verwüstung und Enteignung von Klöstern wurden Anbauflächen drastisch verringert. Als Alltagsgetränk wurde Wein im Lauf der Zeit mehr und mehr von Bier und den neumodischen Kolonialgetränken Tee und Kaffee verdrängt.

DIE REBLAUS Die zweite, große europäische Weinkrise begann Mitte des 19. Jahrhunderts und wird gern plastisch als „Reblausinvasion" beschrieben. Die nordamerikanische Verwandte unserer Blattlaus wurde über London nach Frankreich eingeschleppt und verbreitete sich in epidemieähnlicher Rasanz in sämtlichen europäischen Weinbaugebieten. Allein in Frankreich wurden 2,5 Millionen Hektar Rebfläche wegen der hohen Anfälligkeit der Europäerrebe an der Wurzel gegenüber der Reblaus vernichtet. Nebst der Reblaus wurden aus Nordamerika Echter Mehltau *(Oidium)* und Falscher Mehltau *(Peronospora)* eingeschleppt, Pilzerreger, die sich in den Monokulturen ebenso aggressiv und ungestört verbreiteten wie die winzigen Zwergläuse.

Unbekannter Feind

Der Kulturrebe *Vitis vinifera*, die in Jahrtausenden durch die Selektion der Menschen entstanden war, drohte binnen weniger Jahrzehnte die Ausrottug. Sie hatte im Laufe der Evolution gegen die bis dahin für sie unbekannten Gegenspieler keinerlei eigene Abwehrkräfte entwickeln können.

Erste Bekämpfungsversuche

Gegen die Pilzkrankheiten wurde mäßig erfolgreich mit Nikotin und Arsen, später dann mit Kupfer, beginnend mit der genannten „Bordeaux-Brühe", als Gegenmittel experimentiert, doch die Reblausinvasion kam einer Naturkatastrophe gleich. 1874 wurde der unter- und oberirdisch tätige Winzling – die Weibchen sind gut einen Millimeter klein, die Männchen noch winziger – erstmals in Deutschland registriert und fraß sich auch hier in diabolischem Tempo durch die Bestände. Der damalige Reichskanzler Otto von Bismarck richtete eine Reblaus-Kommission ein, die mit der Einführung amerikanischer Reben die Weichen für die europäische Reben-Kultur neu stellte. Es begann die Ära der Pfropfreben, nachdem u. a. der Österreicher Kober bereits 1895 Kreuzungen aus amerikanischen Rebarten, z. B. die heute noch gebräuchlichen Kober 5 BB, Kober 125 AA u. a., hergestellt hatte, die von der Wurzelreblaus zwar noch befallen, jedoch nicht mehr zum Absterben gebracht werden konnten.

Förderung statt Ausrottung

Es gehört zu den Prozessen der Evolution, dass sich bestimmte Schädlinge (Parasiten) auf bestimmte Ernährer (Wirte) spezialisieren. Die Kohlhernie vermehrt sich an Kohl, die Möhrenfliege an Möhren, der Kartoffelkäfer an Kartoffeln und die Reblaus eben an Reben. Natürlicherweise haben nur die stärksten Wirtspflanzen überlebt und im Lauf von Jahrmillionen gelernt, ein Abwehrsystem, eine so genannte Resistenz, gegen tierische und pflanzliche Attacken zu entwickeln und diese an ihre Nachkommen weitergegeben.

Das hat in Nordamerika auch gut geklappt, wo die heute noch aufzufindenden, heimischen Rebarten wie *Vitis cinerea*, *Vitis riparia* oder *Vitis rupestris* Schutzmechanismen gegen Oidium, Peronospora und Reblaus entwickeln konnten und diese in ihren Genomen verankert haben. Die europäische Kulturrebe hatte dazu im Laufe der Evolution aber keine Zeit, sie wurde nach dem über Millionen Jahre dauernden Fehlen der Gegenspieler plötzlich mit den eingeschleppten, unbekannten Feinden konfrontiert und war ihnen schutzlos ausgeliefert.

Die Überlistung der Reblaus

Mit der „Wiederentdeckung" der bereits bei den Griechen gebräuchlichen Pfropfung kürzte der Mensch sozusagen die Geschichte der Evolution ab. Bei der neuartigen Pfropfrebenherstellung wurde nun eine reblausfeste amerikanische Unterlagensorte als Wurzelstock unter das Edelreis einer europäischen Edelrebsorte gepfropft. Rebläuse agieren oberirdisch am Laub und unterirdisch am Wurzelwerk, wo sie sich explosionsartig vermehren. Amerikanische Reben haben im Laufe von Jahrmillionen gelernt, die Stichstellen der Läuse an der Wurzel mit einer Korkschicht abzudichten, an europäischen Reben der Art *Vitis vinifera* können die Blattrebläuse ihren oberirdischen Zyklus nicht vollziehen. In Europa wächst heute annähernd jede Rebe auf einer amerikanischen Unterlage, weltweit gibt es nur wenige Anbauflächen mit ungepfropften, also wurzelechten Reben, die jederzeit durch die Wurzelreblaus befallen werden können.

Eine neue Generation erwacht: Aus den jungen Pfropfreben sprießen die ersten Triebe und Blätter.

Hybridreben gerieten in Verruf

Unter dem Schock der Reblausinvasion begannen französische Züchter bereits vor rund 150 Jahren fieberhaft mit der Kreuzung von amerikanischen und europäischen Rebsorten. Diese ersten so genannten „Hybridreben" hielten zwar den Attacken der Pilzerreger problemlos stand, doch den Geschmackstest verwöhnter europäischer Gaumen bestanden die Weine nicht. Hybridreben gerieten in Verruf und wurden weitgehend verboten, in Deutschland, Österreich und Italien bereits vor dem Zweiten Weltkrieg, in den anderen europäischen Weinbauländern direkt danach. Der Anbau von Pfropfreben in Kombination mit chemischen Pflanzenschutzmitteln wurde in der Folge zur Erfolgsstrategie erkoren.

Wein in der Natur

Die Weinrebe ist eine Schlingpflanze, ein Lianengewächs, das mit seinen Sprossranken mühelos 10 bis 20 m hoch in Bäume klettert. Wenn oben in den Wipfeln kein Halt mehr ist, legt sie sich flach und erobert das Astwerk in der Horizontalen – und erst dann beginnt sie, an den sich neu bildenden Trieben Früchte zu tragen. Eine senkrecht in die Höhe wachsende Rebe wird selten Beeren bilden, die Ausdruck ihres Fortpflanzungstriebes sind. Und der wird eben erst dann nachhaltig angeregt, wenn die Rebe auf den Baumkronen genügend Licht erhält und sich in Folge der guten Versorgung aus dem gebildeten Stamm und Wurzelwerk um die Fortpflanzung kümmert, die bei Blütenpflanzen zur Fruchtbildung führt. In der Rebkultur wird der Stock darum beschnitten, „erzogen" sagen die Experten, um ihn zur Fruchtbildung anzuregen.

Lichte Auwälder sind die angestammte Heimat von Weinreben.

Ausgeklügelter Vermehrungsplan

Im frühen Stadium ihrer Entwicklung enthalten die noch unscheinbar grünen Beeren Bitterstoffe (Phenole), um frühzeitiges Anknabbern durch Vögel und anderes Getier sowie Pilze oder Bakterien zu verhindern – „Fraßhemmung" heißt das Ziel. Im Prozess der Reife werden die Früchte immer größer, farbiger und vor allem süßer, um nun genau das Gegenteil zu bewirken. Jetzt sollen sie Esser aller Art anlocken, die als Vermehrungshelfer gebraucht werden, um die Samen, die so genannten Kerne, in den Beeren freizulegen. Bis heute ist die Fährte vierbeiniger Schleckermäuler wie Fuchs, Dachs oder Wildschweine durch die Weinberge unschwer zu verfolgen. Und weil zu viel Süßes auf einmal bekanntlich die Verdauung überstrapaziert – wie auch wir Menschen wissen –, stellt sich schnell Durchfall ein. Genau das ist das hintersinnige Ziel im ausgeklügelten Verdauungsplan unserer Rebe.

Verbreitung und Vorkommen der Rebe

Im botanischen System gibt es eine komplexe Hierarchie, die von Abteilung, Überordnung, Ordnung

Dünger vom Dachs

Der Dachs ist ein sauberer Geselle, der sein „Geschäft" nicht an der Stätte seines Beeren-Mahls verrichtet. Er zieht sich an ein geschütztes Örtchen zurück und hinterlässt dort den Inhalt von Magen und Darm. Das Häuflein wird noch fein säuberlich mit Erde und Blättern zugekratzt, dann trollt sich der Dachs erleichtert. Er hat also nicht nur dafür gesorgt, dass keimfähige Samen aus den reifen Beeren an idealem Standort ins Erdreich gelangen, er hat mit seinem stickstoffreichen Kot auch gleich noch eine Extraportion Dünger geliefert.

Der Dachs unterstützte früher mit seinem Verdauungsritual die Vermehrung des Rebstocks.

und Familie zu diversen Unterfamilien, Gattungen und den sich unterscheidenden Arten führt und innerhalb der Art *Vitis vinifera*, Unterart *sativa* zuletzt zu den einzelnen Sorten wie beispielsweise 'Cabernet Sauvignon', 'Pinot Noir' und 'Riesling'. Die Weinrebe gehört zur Ordnung der *Vitales* (Weinrebenartige) und zählt innerhalb dieser zur Familie der Vitaceae, der Rebengewächse. Zu der wiederum gehören zwölf Gattungen, von denen uns elf nur am Rande interessieren, weil sie als reine Zierpflanzen Karriere gemacht haben. Als „wilder Wein" schmücken sie Mauern und Wände mit wunderschöner Herbstfärbung, aber ihre Früchte sind nicht genießbar. Unsere relevante Gattung heißt *Vitis* (lateinisch: Weinrebe). Sie teilt sich in die zwei Untergattungen *Euvitis* und *Muscadinia*. Die für den Weinbau wichtige Untergattung ist *Euvitis* („echte Rebe"), die sich in einen europäischen, amerikanischen und asiatischen Zweig teilt.

AMERIKANER ❧ Die amerikanischen und asiatischen *Vitis*-Sorten schmecken nicht, da diese eben nicht vom Menschen über Jahrtausende auf ihren Geschmack ausgelesen und weiterentwickelt wurden. Sie sind dafür sehr robust, weil sie über Jahrmillionen mit den spezifischen Rebkrankheiten und Schädlingen *Oidium*, *Peronospora* sowie der Reblaus im Entwicklungswettbewerb lagen, was ihr Erbgut zu einem wertvollen Reservoir in der Resistenzzüchtung und im Pfropfrebenanbau macht. Die einzige amerikanische Art, die verwertbare Trauben liefert, ist *Vitis labrusca*, deren dicke, rotblaue (und seltsam riechende) Beeren vor allem zu Saft und Marmelade verarbeitet werden.

ASIATEN ❧ In Asien ist vor allem *Vitis amurensis* von Interesse, die nach dem Amur getauft wurde, dem Grenzfluss zwischen Sibirien und China. Die *Vitis amurensis* gilt als extrem frosthart – was beim Gedanken an sibirische Winter nicht verwundert. Sie birgt aber ebenfalls auch Resistenzquellen gegen *Peronospora* und *Oidium*.

EUROPÄER ❧ Die einzige in Europa beheimatete Reben-Art ist *Vitis vinifera*, die weintragende Rebe. Auf ihr basieren alle Weintraubensorten, die für den Verzehr bestimmt sind. Die weintragende Rebe untergliedert sich in die drei Unterarten *Vitis vinifera sativa* (die kultivierte Rebe, aus der die meisten europäischen Reben durch die Selektionstätigkeiten des Menschen hervorgegangen sind), *Vitis vinifera sylvestris* (die „Wilde", auch „Europäische Wildrebe" und „rheinische Wildrebe" genannt) und *Vitis vinifera caucasica* („kaukasische Wildrebe", auch als „Donau-Wildrebe" bekannt).

Die Biologie der Rebe

Ihre phänomenale Überlebenskraft schöpft die Rebe in erster Linie aus ihrem weit verzweigten Wurzelwerk. Sie kann tiefer als alle anderen Pflanzen in den Boden eindringen und dort suchen, was sie in höheren Schichten nicht findet: Wasser, Mineralien, Stickstoff. Weil das nur durch optimale Lichtausnutzung möglich ist, hat sie sich zur Kletterpflanze entwickelt. Rebwurzeln werden bei uns leicht 8 bis 10 m lang, in sehr trockenen Gegenden Südeuropas und Afrikas bohren sie sich sogar bis zu 25 m tief ins Erdreich hinein.

Das Blatt

Blätter sind neben Wurzeln die wichtigsten Ernährungsorgane von Pflanzen. Wenn sie eine gewisse Größe erreicht haben, verarbeiten sie Kohlendioxid (CO_2) aus der Luft in organische Stoffe. Diesen Vorgang nennt man Photosynthese. Dabei wird Kohlendioxid und Wasser unter Mithilfe von Blattgrün (Chlorophyll) und Sonnenlicht in Sauerstoff und Zucker umgewandelt, der für die Ernährung der Reben unverzichtbar ist. Die Photosynthese vollzieht sich tagsüber unter dem Einfluss von Licht. Die Blätter fungieren also als eine Art Sonnensegel. Guter Laubwuchs (200 bis 400 Blätter pro Rebe) ist daher ebenso wichtig wie ausreichend Helligkeit (Idealwert: 30 000 Lux). In der Nacht scheiden die Blätter dagegen Wasser aus – immerhin etwa 1,5 l pro 200 Blätter. Dadurch wird neues Wasser aus der Wurzel nach oben gezogen, zugleich reguliert die Rebe das Kleinklima ihrer Umgebung.

Der Trieb

Triebe sind immer das junge, neue Holz. Sie können leicht länger als 3 m werden und unterteilen sich in Knoten (Nodien). Der für Gärtner und Winzer wichtigste Trieb ist der Sommertrieb, an dem sich die Blüten und später die Fruchtstände befinden. Aus den Knoten sprießen Blätter,

Weintriebe überwinden jedes Hindernis.

wobei sich die Ansatzstelle von Knoten zu Knoten im Uhrzeigersinn dreht. Folglich belaubt sich die Rebe auch im Uhrzeigersinn, was dank der wundersamen Raffinesse von Mutter Natur dazu führt, dass das Blätterkleid flächendeckend ist und sich die Blätter nicht gegenseitig das Licht wegnehmen. Auf der anderen Seite des Knotens, also gegenüber von den Blättern, entstehen Blütenstände und Ranken. Rebranken sind sehr elastisch und können sich überall festzurren, wo sie Halt finden. Sie haben aber keine Ranken mit Haftscheiben wie der mit ihnen nur ganz entfernt verwandte Wilde Wein und brauchen darum immer einen Widerstand, um den herum sie sich winden können.

Die Geiztriebe An jedem Sommertrieb bilden sich mehrere Geiztriebe aus. Sie sind kürzer als die Sommertriebe und tragen in der Regel keine Trauben; falls doch, werden diese nicht reif. Solange die Geiztriebe nicht überhand nehmen, lässt man sie stehen, denn ihre Blätter dienen der Zuckerbildung in der Rebe und fördern damit indirekt die Traubenreife. Wenn der Sommertrieb allerdings zu früh beschnitten wurde, wird das Wachstum der Geiztriebe gefördert. Dann müssen sie entfernt werden.

Die Knospe

Knospen, auch Augen genannt, treiben nach der Winterruhe aus den Blattachseln aus. An jedem Trieb des letzten Jahres bilden sich im Frühjahr zwei Augen. Aus dem einen entwickelt sich der Sommertrieb, an dem später die Traube hängt. Das andere, das „Winterauge", bleibt im Knospenstadium. Es überwintert und bildet im nächsten Jahr den Sommertrieb.

Die Blüte

Die Rebe blüht in unscheinbaren Blütenständen respektive Rispen, in der Fachsprache Gescheine genannt. Auf jeder Rispe sitzen zwischen 100 und 150 Einzelblüten, aus jeder kann theoretisch eine Traube werden, sofern sie befruchtet wurde. Das machen europäische Kulturreben selbst, weil jede Blüte männliche Staubgefäße und einen weiblichen Fruchtknoten hat. Schlechte Witterung und Nährstoffmangel können die vollständige Befruchtung allerdings verhindern, dann trägt die Traube später nur wenige Beeren. Der Winzer spricht vom „Durchrieseln" während der Blüte. Amerikanische Reben sind übrigens eingeschlechtlich, sie brauchen darum Wind oder Blüten besuchende Insekten wie Wildbienen, um befruchtet werden zu können.

Die unscheinbare Weinblüte heißt in der Fachsprache Geschein.

In den Knospen schlummert Leben.

Warum heimische Tafeltrauben?

Weltweit werden derzeit auf mehr als einer Million Hektar Tafeltrauben angebaut. Anbauschwerpunkte sind die mediterranen Länder Europas, doch auch in Afrika, Asien und Amerika werden Tafeltrauben kultiviert. Nur bei uns gibt es keine. Der deutschsprachige Raum ist – wie ganz Mittel-, Nord- und Osteuropa – eine annähernd tafeltraubenfreie Zone, obwohl das gesunde Beerenobst bei uns genauso gut gedeihen und angebaut werden könnte.

Import oder Selbstversorgung?

Wir leben in einer Gesellschaft, die Tafeltrauben liebt, also Trauben „zum Essen", eine Form der Nutzung, die der Mensch seit über 8 000 Jahren kennt. Die Beeren von Tafeltrauben sind größer als die von Keltertrauben und gruppieren sich lockerer um die Stiele herum, die wir botanisch Rispe nennen. Mit einem Pro-Kopf-Verbrauch von rund vier Kilogramm im Jahr sind die Deutschen Weltmeister im Konsum von Tafeltrauben, ähnlich hoch ist der Verbrauch pro Kopf in Österreich und in der Schweiz.

Die größten Weinbaugebiete sind im warmen Süden.

Doch die Speisetrauben werden zu annähernd 100 % importiert, während der ersten sechs Monate im Jahr vorwiegend aus der südlichen Hemisphäre, aus Südafrika, Chile, Ägypten, Israel und Argentinien. Und von August bis Dezember werden wir von den Mittelmeerländern beliefert – warum eigentlich? Das zumindest fragen sich standort- und umweltbewusste Verbraucher. Wieso versorgen wir uns nicht selbst? Die Früchte müssen schließlich Tausende von Kilometern zurücklegen und wurden wegen des langen Transports und wegen ihrer kurzen Haltbarkeit oft vorzeitig geerntet, um rechtzeitig und unverdorben in unseren Obstschalen zu landen. Sonderlich sinnvoll klingt das nicht und doch ist es so, wie sich nach einem Marktbummel hierzulande immer wieder bestätigt.

Tafeltrauben waren ein politisches Tabu

Wo Trauben wachsen, aus denen Wein gekeltert wird, können auch Trauben gedeihen, die zum Verzehr bestimmt sind – das ist eine prinzipiell richtige Annahme. Der Widerspruch ist verblüffend leicht zu erklären: Es gab bis vor wenigen Jahren schlicht keine Tafeltraubensorten, die mit Klima- und Bodenverhältnissen in Mittel- und Nordeuropa klar gekommen wären, ohne dass man sie massiv mit der chemischen Keule hätte behandeln müssen. Bis zum Jahr 2000 hatte die Europäische Union überdies die Kultur von Tafeltrauben auf die Mittelmeerländer beschränkt, der professionelle Anbau war Winzern in unseren Breiten u.a. auch aus Gründen der so genannten Marktregulierung schlicht untersagt.

Auch Privatgärtner wurden bislang meist mit hilflosem Achselzucken konfrontiert, wenn sie sich in Gärtnereien und Rebschulen nach robusten Weinsorten erkundigten, die es geschmacklich mit den Mittelmeergewächsen aufnehmen können.

Die Südländer gedeihen bei uns nicht

Ab August 2000 wurden jedoch die Anbauregelungen für die Marktorganisation Wein der EU neu gefasst, Tafeltrauben der Obst- und nicht mehr der Weinmarktregelung zugeordnet. Somit erhielten auch die Winzer im deutschsprachigen Raum die Möglichkeit zur Kultur von Tafeltrauben – eine Chance für ein zweites wirtschaftliches Standbein. Doch erste Experimente scheiterten kläglich. Die Sorten, die aus Griechenland, Spanien, Italien und anderswo in den deutschsprachigen Raum importiert werden, erwiesen sich bei uns im Anbau als untauglich – ihre Vegetationszeit ist für hiesige Verhältnisse zu lang. Anders ausgedrückt: Unsere Sommer sind meist zu kurz, um die sonnenhungrigen Sorten reifen zu lassen. Hinzu kommt, dass die importierten Tafeltraubensorten ausgesprochen anfällig für Echten *(Oidium)* und Falschen Mehltau *(Peronospora)* sind und folglich mehrfach im Jahr gegen Pilzbefall gespritzt werden müssen. Das heißt, diese Sorten hätten noch intensiver gespritzt werden müssen als Keltertrauben, und bei denen sind schon acht bis zwölf Spritzungen pro Saison üblich. Eine weitere Intensivierung wäre aber nicht verantwortbar gewesen, schon gar nicht für Tafeltrauben, die schließlich im Wortsinn von der Hand in den Mund wachsen sollen. Als potenzielle Einwanderer schieden die Mittelmeer-Traubensorten daher schnell aus und die Zuchtbetriebe dehnten ihre Bemühungen um pilzwiderstandsfähige Keltertraubensorten auf Tafeltrauben aus.

Die Bekämpfung von Krankheiten mit chemischen „Pflanzenschutzmitteln" belastet das ökologische Gleichgewicht in vielen Weinanbaugebieten. Besonders beim Anbau im Hausgarten sind naturnahe Methoden gefragt.

Rückstände in Beeren-Proben

Ein gewichtiges Wort im Pro und Contra der Argumentation zwischen ökonomischen Zwängen und ökologischer Notwendigkeit spricht natürlich auch der Verbraucher. Vor dem Hintergrund anhaltender, weltweiter Lebensmittelskandale ist die wachsende Angst vor gesundheitsschädlichen Belastungen durch Spritzrückstände verständlich und begründet. Dies weniger beim Weintrinken – bei den biochemischen und biologischen Prozessen des Kelterns und Gärens verlieren sich etwaige Rückstände oder werden zumindest annähernd abgebaut. Bei Tafeltrauben aus nicht-ökologischem Anbau finden Lebensmittelkontrolleure hingegen fast immer und überall Spuren von „Pflanzenschutzmitteln", die gesetzlichen Grenzwerte werden überproportional oft und hoch überschritten. Weintrauben gelten neben Tomaten, Paprika, Gurken und Erdbeeren nach den jährlichen Untersuchungsergebnissen der zuständigen chemischen und Veterinäruntersuchungsämter für die Lebensmittelüberwachung als die am stärksten kontaminierten Früchte.

Flecken auf Beeren

Zu Recht sind die Verbraucher skeptischer geworden und reagieren empfindlich auf die oft deutlich sichtbaren Spritzflecken auf den Beeren. Diese dürfen übrigens nicht mit der natürlichen Wachsschicht verwechselt werden, die auch biologisch erzeugte Weintrauben haben. Die Wachsschicht ist kein Indiz für chemische Rückstände, sondern wird durch den Wechsel zwischen hoher Luftfeuchtigkeit nachts und der Zufuhr warmer Luft am Tage sichtbar. Kondensniederschlag verursacht einen typischen, weißen, mehlartigen und abwischbaren Reif auf der Wachsschicht. Wenn der verdunstet, entsteht jener sichtbare „Duftfilm", der keinesfalls mit Rückständen von Pflanzenschutzmittelanwendungen gleichgesetzt werden darf, sondern sogar ein Zeichen für die Güte der Beeren darstellt.

Spritzmittel hinterlassen oft unschöne Spuren auf den Beeren, die nicht nur viel Süße speichern können, sondern eben auch chemische Stoffe, mit denen der Rebstock behandelt wurde.

Widerstandsfähige Sorten

Wenn Weinberge als Monokulturen betrieben werden, wie es in vielen Anbaugebieten klassischer Weise noch erfolgt, geraten natürliche Kreisläufe aus den Fugen. Flora und Fauna verarmen zunehmend, irgendwann hängt der Weinberg buchstäblich am Tropf der chemischen Produktionshilfsstoffe. Wer kennt das nicht: Grün, grün, grün ist alles was ich sehe, wenn ich durch die Weinberge gehe, neben den Reben wächst bestenfalls Gras, oft nicht einmal mehr das.

Die Veredelungsstelle von Pfropfreben wird in Wachs getaucht, um die Pflanzen vor Austrocknung zu schützen.

Das Gebot der Stunde, nicht nur für den Hausgarten, sind daher widerstandsfähige Sorten, die sich aus eigener Kraft gegen Pilz-Attacken wehren. Europaweit führend in der Züchtung pilzwiderstandsfähiger Rebsorten („Piwis") ist das Staatliche Weinbauinstitut Freiburg (Deutschland, Breisgau), das sich – wie andere Institute auch – lange Zeit auf Züchtung und Erprobung von pilzwiderstandsfähigen Keltertrauben zur Weinerzeugung konzentriert hatte. Dabei standen pilzwiderstandsfähige Tafeltrauben in der Vergangenheit züchterisch im Abseits, doch seit August 2000 beschleunigten züchterische Anstrengungen die Erfolge enorm. Die neuen Sorten schmecken nicht nur hervorragend, manche kommen auch auf 1 200 Höhenmetern bestens klar und stecken sogar 25 Minusgrade locker weg.

Gesundheit geht vor

Die wichtigste Motivation für die Züchtung und Etablierung widerstandsfähiger Sorten ist die Sorge um die Gesundheit der Natur und damit auch um die Gesundheit des Menschen. Die importierten Tafeltrauben sind auffällig hoch mit schädlichen Spritzmitteln belastet. Sie gehören neben Tomaten, Paprika und Gurken leider zu den am häufigsten von den Chemischen Landes-Untersuchungsanstalten beanstandeten Lebensmitteln.

Was heißt resistent?

Das oft verwendete Adjektiv „resistent" ist im deutschen Sprachgebrauch übrigens irreführend, weil die Reben, die aus der Resistenzzüchtung hervorgehen, wie alle ihre Ausgangsformen und Eltern unter extremen Infektionsbedingungen durchaus befallen werden können. Durch ihre unterschiedlich hohe Widerstandsfähigkeit können aber alle pilzwiderstandsfähigen Rebsorten mit den Erregern aus eigener Kraft unterschiedlich erfolgreich fertig werden.

Eine Frage der Geduld

In mehr als 1 500 Kreuzungskombinationen wurden in Freiburg bisher rund 30 000 Blütenstände kastriert und bestäubt, und fast eine Million Sämlingspflanzen im Gewächshaus aufgezogen. Nur 1 bis 2 % dieser Jungpflanzen, die in den Gewächshäusern künstlich mit den Erregern Echter und Falscher Mehltau infiziert werden, überleben und erhalten die Chance, den weiteren Härtetest im Freiland zu bestehen.

Von etwa 50 000 Sämlingspflanzen wurden in Einzelstock-Ernten bisher mehr als 6 000 Weine hergestellt. Das Ergebnis: Derzeit werden zehn pilzwiderstandsfähige Neuzüchtungen bei Winzern erprobt, zwei Sorten sind zum allgemeinen Anbau zugelassen. Ausschlaggebendes Kriterium bei der Selektion ist der Geschmack, und da können es inzwischen immer mehr tolerante mit herkömmlichen Sorten aufnehmen.

ZUCHTZIEL UND METHODE Nach der Resistenzprüfung im Gewächshaustest werden die aus Samen gezogenen Rebpflanzen auf ihre weinbaulichen und weinqualitativen Eigenschaften geprüft. Durchschnittlich schaffen es so von 100 bis 200 hoch widerstandsfähigen Sämlingspflanzen nach einer etwa 20- bis 25-jährigen Prüfungsphase ein bis zwei Sorten zu einer Empfehlung für den Praxistest in Weinbaubetrieben. Aus diesen „identischen" Individuen werden nun die Stöcke ausgesucht, die dem Zuchtziel am nächsten kommen, viel versprechende Triebe werden zu Pfropfreben umgewandelt. Frühestens in

Ihre erste Wachstumsphase verbringen die Jungpflanzen im Gewächshaus.

Ein langer Weg

Die Züchtung neuer Rebsorten stellt eine Sisyphusarbeit dar. Allein die Prüfung der Sämlinge zieht sich bis zu acht Jahre in die Länge. Die Zuchtstämme mit jeweils zwölf Individuen werden wieder in diversen Teilschritten geprüft, so dass von der Kreuzung bis zur möglichen Praxisnutzung zwischen 22 und 30 Jahre verstreichen. Und bis „die Neuen" von den nationalen und europäischen Sortenämtern offiziell zum Anbau zugelassen werden, müssen sie sich noch einmal etliche Jahre auf Versuchsflächen bewähren. Wahrlich kein Geschäft für Ungeduldige.

drei Jahren, wenn deren Nachkommen in Gestalt der ersten Trauben begutachtet werden können, wird über die weitere Zukunft der „neuen Sorte in spe" entschieden. Wenn von all den vielen Klonen derselben Mutter einer aus der Reihe tanzt und dem natürlichen und künstlichen Stress durch Krankheitserreger auf dem Weinberg und im Gewächshaus auffallend gut gewachsen ist, erhält er die Chance, sich weiter zu bewähren. In der Fachsprache heißt das „Mutation", Veränderung also, und solch „positive Abweichungen" von der Norm sind das Zuchtziel. Aus einer derartigen Klonreihe von Spätburgundern ist z. B. der Grauburgunder entstanden.

Hobbygärtner als Traubenpioniere

Die Tafeltraubensorten sind da, doch auf den heimischen Märkten wird nach wie vor fast ausschließlich importierte Ware angeboten. Woran liegt das? Warum tun sich Winzer so schwer mit der Etablierung von Tafeltrauben in ihren Weinbergen? Sie könnten ihnen neben den angestammten Keltertrauben doch wenigstens einen kleinen Streifen einräumen und den Verbrauchern der näheren Umgebung gesunde, leckere Tafeltrauben aus eigener Ernte anbieten! So einfach ist das leider nicht. Tafeltrauben haben zwar in der Tat dieselben Ansprüche an Boden und Klima wie Keltertrauben, aber es gilt, die passende Sorte für den jeweiligen Standort herauszufinden, und das ist ein heikles Thema im Weinbau. Bis eine Rebe erwachsen ist und ihr Charakter vom Züchter verbindlich eingeschätzt werden kann vergehen Jahre. Das Risiko ist groß: Wer neue Reben in seinem Weinberg sesshaft machen will, muss erst einmal Platz für sie machen und hat auf dieser Fläche vorläufig keinen Ernteertrag. Frühestens bei der ersten Lese, also im dritten Kulturjahr der Rebe, lässt sich zumindest erahnen, ob eine neue Sorte die Erwartungen erfüllt. Allerdings liegen beim Züchter der Sorten vielfältige Informationen über die Möglichkeiten zur Nutzung an verschiedenen Standorten vor.

TIPP **Die beste Bezugsquelle für Weinreben sind die Rebzuchtanstalten. Hier kann man Sie vor Ort kompetent beraten und auch gemeinsam entscheiden, welche Sorte für Ihren Garten die geeignete ist. Bestellen Sie die Rebe im Herbst und holen Sie sie im Frühjahr ab.**

Eingespieltes Team

Rebstöcke bleiben bei gleichmäßiger Nutzung und Pflege ein paar Jahrzehnte lang im Boden, sie werden auf dem Weinberg 50 Jahre alt und älter und begleiten oft mehrere Winzergenerationen. „Never change a winning team": Das Prinzip aus Wirtschaft und Sport gilt auch im Weinbau.

Langsame Veränderung

Der pragmatischen Beständigkeit von Winzern und Treue zu ihren Rebstöcken entspricht die emotionale Bindung von Weintrinkern an „ihre" Sorte - wer einmal den Spätburgunder seines Vertrauens gefunden hat, steigt nicht ohne weiteres auf Regent oder einen anderen der „neuen Roten" um. Gut Ding will Weile haben - das gilt beim Wein in mannigfaltiger Hinsicht. Allmählich setzen sich die neuen, pilzwiderstandsfähigen Keltertrauben-Sorten auf Weinbergen und im Weinregal durch; im Schneckentempo folgen jetzt die Tafeltrauben. Die Entscheidung für Piwi-Sorten heißt nun keineswegs, dass der Winzer dadurch automatisch biologisch wirtschaftet. Dennoch ist der Anbau von pilztoleranten Kelter- und Tafeltrauben auch für konventionelle Betriebe attraktiv. Sie ersparen sich und den Pflanzen chemische Pilzbekämpfungsmittel, schonen somit Geldbeutel und zugleich den Boden.

Gartenpraxis

Weinreben sind so vielseitig, anpassungsfähig und vor allem unkompliziert, dass ihr Anbau im Garten das reinste Vergnügen ist. Wer die wichtigsten Regeln zu Standort, Ernährung und Erziehung beachtet, wird sein Leben lang Freude an den faszinierenden Gewächsen haben.

Die Wahl der Sorte

Für welche Rebsorte sich der Hobbygärtner entscheidet, hängt vom Standort des Gartens und vom Zweck ab, den die Rebe einmal erfüllen soll.

TIPP **Wer genug Platz im Garten hat und mehr als einen Rebstock ansiedeln will, sollte auch mehrere Sorten wählen. Es bieten sich reizvolle Kombinationen von Farben und Reifezeitpunkten an, so dass Sie sich im Idealfall von August bis November an grünen und blauen Beeren aus eigener Ernte erfreuen können.**

Bläuliche Sorten haben meist ein kräftiges Muskat-Aroma, grüne und gelbe eine eher fruchtige Note.

Wer eine Hauswand begrünen will, legt sicher mehr Wert auf schöne, große Blätter und eine prächtige Herbstfärbung (die haben vor allem Sorten mit roten Trauben) als jemand, der den Rebstock kurz am Stock halten möchte. Wer in Bergregionen lebt, wo die Winter länger und kälter sind, also die Vegetationszeit kürzer ist als im Flachland, sollte auf Frosthärte achten und früh reifende Sorten wählen. Die Definition für den Reifezeitpunkt ist relativ; in der warmen Rheinebene kann mit der Ernte einer frühen Sorte schon Anfang August begonnen werden, während sich der Erntetermin für dieselbe Sorte im Bergland um drei bis vier Wochen verschiebt.

Der Geschmack

Ein anderes Kriterium für die Auswahl von Tafeltrauben ist natürlich auch der Geschmack und die Süße der Beeren. Dunkle, volle Muskataromen und frisch-fruchtige Töne von Zitrus und Orange sind die beiden gängigen Bukettrichtungen. Aber auch neue Geschmacksnuancen etwa von Pfirsich, Erdbeere, Mandel und Marzipan sind möglich. In der Minderheit unter den Traubenfans sind die Liebhaber so genannter „Hybridnoten", bei denen sich der amerikanische Erbanteil geschmacklich bemerkbar macht. Recht aufdringlich und „penetrant", sagen manche mit gerümpfter Nase, um Objektivität bemühte Testesser behelfen sich mit dem Vergleich mit Holunder und Rhabarber.

Pilzwiderstandsfähige Tafeltrauben für den Hausgarten

Bei der Sortenwahl für den Hausgarten stehen etliche pilzwiderstandsfähige Rebsorten zur Verfügung. Doch ist dies nicht das einzige Kriterium. Geschmack und der Reifezeitpunkt spielen ebenfalls eine Rolle. Man unterscheidet zwischen früh reifenden, mittelfrüh bis mittelspät reifenden und spät reifenden Sorten. Die Reifezeit der frühen Sorten erstreckt sich von Mitte August bis Mitte September, die letzten Nachzügler können bis November beerntet werden. Wenn Sie Sorten kombinieren, ernten Sie vom Sommer bis in den Spätherbst.

Gesund und lecker: Weintrauben aus dem Garten.

'Calastra'

'Bianca'

'Birstaler Muscat'

'Muscat bleu'

Die besten pilzwiderstandsfähigen Sorten

Sorte	Beerenfarbe	Wuchs	Trauben
'Bianca'	Grüngelb	Kräftig	Groß, locker
'Birstaler Muskat'	Gelb	Kräftig, aufrecht	Groß, locker
'Calastra'	Grüngelb	Enorm kräftig	Mittelgroß bis groß, etwas ungleichmäßig geformt
'Campbell early'	Tiefblau	Sehr kräftig, ungestüm	Sehr groß
'Clara'	Gelbgrün	Mittelkräftig	Mittelgroß, relativ lockerbeerig
'Decora'	Rosa	Mittelkräftig, gedrungen, robust, aufrecht	Mittelgroß, kompakt, gleichmäßig geformt
'Fanny'	Grüngelb	Sehr kräftig	Sehr groß
'Ganita'	Rosa	Kräftig, leicht filigran	Sehr groß, lockerbeerig
'Galanth'	Blaurot (noir)	Kräftig	Mittelgroß, lockerbeerig, gleichmäßig
'Garant'	Grüngelb	Kräftig	Mittelgroß, lockerbeerig
'Hecker'	Grüngelb	Kräftig	Groß
'Muskat Bleu'	Blau	Locker	Länglich
'Nero'	Dunkelblau	Stark wüchsig	Mittelgroß, sehr dekorativ
'Osella'	Blaurot (noir)	Kräftig	Groß, lockerbeerig, gleichmäßig
'Romulus'	Hellgrün	Kräftig	Mittelgroß
'Rosina'	Blaurot (noir)	Kräftig	Mittelgroß, gleichmäßig geformt
'Perle von Zarla'	Gelbbraun	Kräftig	Locker, lang

Beeren	Reife	Besonderheiten
Mittelgroß, knackig, süß	Früh	Ertragreich, anspruchslos, sehr frosthart
Rund, mittelgroß, feines Muskataroma	Mittelfrüh	Lange Erntezeit
Groß, feinsüß, mit Zitrusgeschmack	Früh	Sehr gute Resistenzeigenschaften: Blätter sehr groß, tiefgrün, rund, sehr dekorativ, ideal zur Begrünung von Hauswänden, Pergolen, Freisitzen und Hofgestaltung geeignet
Sehr groß, ausgeprägter Fox-Ton	Früh	Sehr große Blätter, ideal zur Begrünung von Hauswänden und für ungünstige Lagen geeignet
Mittelgroß, kreisförmig	Früh	Gute Resistenzeigenschaften, leichter Muskatgeschmack
Mittelgroß, fein bukettiert	Früh	Gute Resistenzeigenschaften, dunkelgrüne, spitzzackige Blätter
Groß, oval, knackig, leicht fruchtig	Mittelfrüh	Kompakter, harmonischer Wuchs
Mittelgroß, fein bukettiert	Sehr früh	Gute Resistenzeigenschaften, lange Erntefähigkeit
Groß, abgestumpft eiförmig, fest, knackig, süß, leichter Muskatgeschmack	Früh	Sehr gute Resistenzeigenschaften, dunkelgrünes Laub
Groß, knackig, breit elliptisch, leichter Muskatgeschmack	Früh	Sehr gute Resistenzeigenschaften, lange Erntefähigkeit
Groß, elliptisch, feinsüß	Mittelfrüh	Wuchs ähnelt der Gutedel-Rebe, die zweimal im Stammbaum vorkommt
Groß, fest, lang	Spät	Frosthart, intensives Muskat-Aroma
Mittelgroß, länglich, knackig, süß	Mittelfrüh	Feines Muskat-Aroma
Groß, knackig, süß	Sehr früh	Sehr gute Resistenzeigenschaften, sehr dekorative Blätter
Groß, duftend, neutraler Geschmack mit harmonischer Süße	Früh	Robust, problemlos
Groß, knackig, fein bukettiert	Früh	Dunkelgrüne spitzgezackte Blätter
Groß	Sehr früh	Sehr robust und sehr frosthart

Weinreben pflanzen

Ob Frühjahr oder Herbst der richtige Pflanzzeitpunkt ist, muss jeder letztlich für sich entscheiden. Für den Herbst spricht, dass die Rebe kurz vor der Winterruhe noch anwachsen und im Frühjahr gleich mit voller Kraft durchstarten kann. Andererseits besteht bei einer Herbstpflanzung die Gefahr von Frostschäden, weshalb die jungen Reben auf jeden Fall angehäufelt werden sollten. In den meisten Gegenden ist Anfang April bis Mitte Mai der bessere Pflanzzeitpunkt, weil keine Frostattacken mehr zu befürchten sind. Der Boden sollte sich auf 7 bis 10 °C erwärmt haben und so trocken sein, dass die Erde nicht mehr am Spaten klebt.

Die schützende Wachsschicht wird nicht entfernt.

Containerpflanzen

Reben werden als Topfreben angeboten, die wie alle Containergehölze ganzjährig gepflanzt werden können. Spätestens im Herbst sollten sie allerdings im Boden sein, um vor dem Winter noch richtig einwurzeln zu können.

Mit nackten Wurzeln

Wurzelreben haben „nackte" Wurzeln, sind also nicht in Erde gepackt und besitzen keinen Austrieb. Die verholzten Teile der jungen Rebe sollten mindestens zeigefingerdick sein und keine Schäden an der Rinde haben. Es empfiehlt sich,

Nur Pfropfreben sind erlaubt

Vor der Verwendung nicht veredelter, also wurzelechter Rebstöcke wird mit Verweis auf die Reblausanfälligkeit ausdrücklich gewarnt. Aus demselben Grund sollten sich Hobbygärtner auch vor der eigenständigen Vermehrung ihrer Tafeltrauben durch Stecklinge hüten. Eine Auswahl an Adressen von Veredelungsbetrieben und Rebschulen finden Sie im Anhang.

das Pflanzgut einige Monate vor dem Pflanzzeitpunkt vorzubestellen.

Der richtige Standort

Von Natur aus steht die Rebe mit den Füßen gern im Schatten, um sich mit ihren Gliedern der Sonne entgegenzustrecken. Wir sollten ihr also möglichst einen sonnigen Platz zuweisen, von wo aus wir sie in die gewünschte Richtung dirigieren können. Ideal sind ein geschütztes, sonniges Beet, die südliche Hauswand, Gartenzaun und Pergola. Begleitpflanzen sorgen dafür, dass die Rebe im unteren Bereich nicht der prallen Sonne ausgesetzt ist.

TIPP **Weinstöcke sollten am besten direkt beim Züchter gekauft werden, also in der Rebschule.**

PLATZBEDARF Wichtig ist, den Reben ausreichend Platz einzuräumen. 2 bis 3 m beträgt der Pflanzabstand am Spalier, bei der Flachbogenerziehung können die Pflanzen auch enger zusammen stehen. Bei der Pflanzung vor einer Hauswand muss bedacht werden, dass der Stock nicht unter dem Dachvorsprung wächst, sondern noch Regen abbekommt. Andernfalls sollte regelmäßig bewässert werden.

Den Boden bereiten

Um unseren Reben einen möglichst lebendigen, durchlässigen, gut durchwurzelten Boden anbieten zu können, in dem sie sich für die kommenden Jahrzehnte wohl fühlen, sollten wir viel Aufmerksamkeit auf vorbereitende Arbeiten verwenden. Bereits im Herbst kann eine Gründüngung zur Verbesserung von Bodendurchlüftung und Nährstoffversorgung angebracht sein, vor allem, wenn der Weinstock auf ein zuvor anderweitig bewohntes Beet ziehen soll. Mit der etwaigen Urbarmachung von Rasenflächen müssen wir ebenfalls spätestens im Herbst vor der Pflanzung beginnen. Erst muss die Grasnarbe abgeschält werden, dann wird umgegraben bzw. gelockert, um den verfestigten Boden zu lockern. Eine dicke Schicht halb verrotteter Mist und/oder Kompost sorgt für belebende Impulse.

STAUNÄSSE MEIDEN Grundsätzlich sind Weinreben mit jedem lebendigen, gut gepflegten Gartenboden zufrieden. Er sollte nicht zu sauer sein, sondern unbedingt etwas Kalk enthalten und wirklich durchlässig sein. Auf Staunässe reagieren Reben empfindlich. Es schadet nicht, dass wir uns immer wieder an das natürliche Wesen unserer Rebe erinnern, um im Garten ihren natürlichen Bedürfnissen möglichst nahe zu kommen. Vor heftigen Regengüssen waren Reben ehedem durch das Blätterdach von Bäumen geschützt. Zugleich war es droben in den Wipfeln so luftig, dass es ungebetenen Gästen schnell ungemütlich wurde und sich Schädlinge gar nicht erst einnisten konnten.

EINPFLANZEN UND WÄSSERN Die Pflanzgrube soll etwa einen Quadratmeter groß und mindestens 40 bis 50 cm tief sein, so dass die Pfropfstelle etwa zwei Fingerbreit über der Bodenoberfläche zu liegen kommt. Wurzelreben werden vor dem Pflanzen 24 Stunden lang gewässert. Dann werden die Wurzeln auf die Länge einer Handbreit gekürzt und kreisförmig-flach im Pflanzloch verteilt.

Anschließend das Loch mit der Muttererde füllen, und diese etwas andrücken. Ein Gießrand erleichtert das Wässern, das jetzt sehr wichtig ist, um den Kontakt der Erde mit den feinen Wurzeln zu garantieren. Vor allem in der ersten Zeit nach dem Pflanzen muss auf ausreichende Feuchtigkeit geachtet werden.

TIPP **Keinesfalls dürfen Kompost oder sonstige Düngergaben direkt ins Pflanzloch gegeben werden, da sie im Wurzelbereich zu Verbrennungen führen würden.**

Bodenbearbeitung und -pflege

Unabhängig davon, wo und wozu wir unseren Rebstock pflanzen und wie wir ihn erziehen wollen, ist der Boden, in dem er wurzelt, entscheidend für seine gedeihliche Entwicklung. Überhaupt steht ein gesunder Boden im Mittelpunkt der gärtnerischen Aufmerksamkeit. Er ist nicht der Dreck unter unseren Füßen, sondern eine kleine, geheimnisvoll-lebendige Schicht zwischen festem Untergrund und Atmosphäre, die das Wachstum von Pflanzen ermöglicht. Erde ist ein wertvolles und knappes Gut auf unserem gleichnamigen Planeten, von dem unser Leben abhängt. Die wichtigste Aufgabe eines Gärtners ist die Förderung und Erhaltung eines gesunden Bodens.

Welchen Boden habe ich?

Wir sollten also erstens wissen, ob unser Gartenboden eher sandig oder eher tonig-lehmig ist. Das sind die beiden Haupttendenzen einer Bodenstruktur mit vielen Nuancen dazwischen. Zweitens müs-

Ein einfacher Spatentest kann wertvolle Aufschlüsse über die Beschaffenheit des Bodens liefern.

sen wir wissen, ob der organische Humusanteil in der obersten Schicht ausreicht, um ein dauerhaftes Bodenleben in Gang zu halten. Von der Beantwortung dieser Fragen wird abhängen, ob wir uns darum bemühen müssen, unserem eher leichten Boden mehr nahrhafte Substanz zu verleihen, damit Nährstoffe und Wasser nicht ungenutzt versickern, oder ob wir unseren eher schweren Boden durchlässiger und luftiger gestalten müssen, um Wasser- und Nährstoffaustausch zu erleichtern.

Eine professionelle Bodenanalyse ist zur Klärung dieser Fragen in der Regel nicht nötig. Wer jedoch genau über pH-Wert und Kalkgehalt seines Bodens und über mögliche Nährstoffdefizite Bescheid wissen will, kann sich mit dem örtlichen Landwirtschaftsamt in Verbindung setzen. Dort wird mitgeteilt, wohin eine Bodenprobe zur chemischen Untersuchung geschickt werden kann.

DIE BODENHORIZONTPROBE Dieser einfache Test gibt Aufschluss über Bodenart und Aufbau und Stärke der einzelnen Schichten.

So soll er sein: Der Boden ist in den oberen Schichten gut durchwurzelt und hat weiter unten eine lockere, luftige Konsistenz.

Dazu gräbt man ein etwa 50 cm tiefes Loch und sticht die Wände an einer Seite senkrecht mit einem Spaten ab. Nun liegt die Schichtung offen vor uns und kann näher begutachtet werden und Auskunft über Bodenstruktur, Durchwurzelung und Verteilung der Feuchtigkeit geben. Die oberste ist meist die biologisch aktive Humusschicht. Ihre Dicke kann variieren. Je weiter sie in die Tiefe reicht, umso besser. Die tieferen Schichten setzen sich meist deutlich vom Oberboden ab. Sie sind reicher an Steinen, Sand, Lehm oder Ton und mehr oder weniger stark verdichtet.

Fleißige Helfer

Die Menge an Organismen im so genannten „Humuskörper" ist unvorstellbar groß. Ein einziges Gramm enthält etwa 600 Millionen Bakterien, 400 000 Pilze und 100 000 Algen. Hochgerechnet auf einen Hektar haben Wissenschaftler eine Mikroorganismenmasse von mehr als 20 000 kg errechnet, außerdem 370 kg tierischer Einzeller, 50 kg Fadenwürmer, 19 Kilogramm Springsschwänze und Milben, 15 kg kleiner Borstenwürmer, 50 kg Tausendfüßler, 17 kg Insekten, Käfer und Spinnen , 40 kg Weichtiere sowie die ungeheure Masse von 4 000 kg Regenwürmern. All diese winzigen Helfer verarbeiten organische Überreste wie abgestorbene Pflanzen, Kadaver und Tierkot zu locker-krümeligem Humus.

Sandige Böden können Wasser und Nährstoffe nur schlecht speichern.

Sand- und Tonböden In leichten Sandböden können sich zwar die Wurzeln gut ausbreiten, sie sind aber schlecht in der Lage, Wasser und Nährsalze zu binden. Tonböden sind das gegenteilige Extrem. Die feinen Tonpartikel lagern sich so dicht, dass nur ein minimales Porenvolumen bleibt, Bodenleben kaum Raum findet und sich Wurzeln nur schwer ausbreiten können. Ideal sind so genannte „mittlere" Lehmböden, mit „garer", krümeliger Struktur bis hinab in tiefere Schichten.

Sand- oder Tonböden sind nun keine schicksalhaften Fügungen, mit denen man sich abfinden muss. Im Extremfall muss die Erde mit der jeweils fehlenden Komponente durchmischt werden – also sandige mit toniger Erde und umgekehrt. In jedem Fall gilt es, die Bodenfruchtbarkeit durch die organische Humusschicht in der obersten Lage zu fördern und zu erhalten. Grundvoraussetzung dafür ist erstens der Verzicht auf chemische Düngesalze („Kunstdünger") und chemischen Pflanzenschutz sowie eine sorgsame Kompostwirtschaft.

Pflege des Bodens

Reben sind nicht sonderlich anspruchsvoll, sollten aber nicht in zu saurem Boden stehen. Sie bevorzugen durchlässige Böden und müssen in der Regel nur mit Kompost gedüngt werden. Chemische, in Wasser lösliche Düngesalze sind unnötig und richten mehr Schaden als Nutzen an. Das Risiko einer Überdüngung ist groß und nicht aufgenommene Mineralsalze belasten das Grundwasser. Außerdem werden die mit Fertignahrung gefütterten Rebwurzeln träge und faul, die Widerstandsfähigkeit der Pflanzen lässt nach, das Bodenleben verarmt. Abgesehen davon schadet eine Überdosis insbesondere von Stickstoff Qualität und Aroma unserer Trauben. Bei organischen Düngegaben ist diese Gefahr weit geringer, weil viele Komponenten nicht in Wasser löslich sind, sondern von den Pflanzen erst makrobiotisch aufgeschlüsselt werden müssen und somit Teil eines dynamischen Stoffkreislaufs sind. Die Pflanze nimmt sich aktiv die Nährstoffe, die sie braucht und scheidet aus, was sie nicht braucht. Freilich müssen auch in biologisch gepflegter Gartenerde die nötigen Nährstoffe vorhanden sein, um mobilisiert werden zu können. Andernfalls reagieren auch Rebstöcke mit Mangelerscheinungen. Wer sich eine ausgewogene Kompostwirtschaft angewöhnt hat, braucht davor freilich keine Angst zu haben.

Die wichtigsten Nährstoffe

Stickstoff ist der wichtigste Energielieferant und verantwortlich für das Wachstum von Pflanzen. Das wichtigste Stickstoffreservoir ist die Luft, aus der bestimmte Mikroorganismen im Boden (so genannte Knöllchenbakterien) Stickstoff binden und organisch umwandeln können. Als pflanzliche Stickstoff-Sammler sind Leguminosen außerordentlich wichtig im Biogarten, viel Stickstoff ist auch in Mist enthalten. Stickstoffhaltige organische Dünger sind z. B. Hornmehl und Hornspäne. Überdüngung mit Stickstoff führt dazu, dass die Pflanzen ins Kraut schießen und „vergeilen", worunter die Fruchtbildung leidet. Bei extremer

Überdüngung kommt es zu regelrechten Verbrennungen. Stickstoff-Mangel ist an gelblicher Blattverfärbung erkennbar.

Phosphor ❧ Er fördert vor allem die Blüten- und Fruchtbildung. Phosphor ist in humosen, vitalen Böden meist ausreichend vorhanden. Zusätzliche Phosphor-Beigaben können mit Knochen- und Thomasmehl verabreicht werden, einen hohen Phosphoranteil hat zudem Geflügelmist (als Guano-Dünger im Handel erhältlich). Überdüngung mit Phosphor führt zu Störungen des pflanzlichen Stoffwechsels, der dann bestimmte Spurenelemente nicht mehr aufnehmen kann und mit Wachstumsstörungen reagiert. Phosphor-Mangel zeigt sich in rötlich-braunen bis violetten Blattverfärbungen, schlechter Wurzelbildung und geringem Fruchtansatz.

Kalium ❧ ist maßgeblich für die Stabilität des Pflanzengewebes verantwortlich und fördert die Wurzelbildung. Kali hat eine wichtige Funktion beim Stoffwechsel der Pflanzen; es ist an der Photosynthese und Bildung von Stärke und Zucker maßgeblich beteiligt. Auch Kalium ist in lebendigen Böden ausreichend vorhanden. Holzasche, Algenprodukte und Knochenmehl haben einen hohen Kali-Anteil. Überdüngung äußert sich in Wuchshemmungen. Außerdem kann der Boden durch eine Überdosierung mit Kalium kalkarm werden. Kali-Mangel ist an einem plötzlichen Wachstumsstopp zu erkennen. Warnsignal ist die bräunliche Verfärbung von Blatträndern.

Kalk ❧ Er bindet die Säuren im Boden und aktiviert das Bodenleben. Kalk gehört zu den wichtigsten Bausteinen für einen ausbalancierten Kreislauf im Boden. Kalkdünger sind Thomasmehl, Algenkalk und Gesteinsmehl. Bei einer Überdüngung mit Kalk wird der Boden stark alkalisch, auf Kalkmangel reagiert er im Wortsinn sauer. Bei den Pflanzen gerät das Wurzelwachstum ins Stocken.

Spurenelemente ❧ Sie sind für das Wachstum sehr wichtig, wenn sie auch nur in kleinen Mengen, eben in Spuren, gebraucht werden. Magnesium, Eisen und Kupfer sind die wichtigsten, ohne die der pflanzliche Stoffwechsel nicht auskommt. Spurenelemente sind in einem gesunden Boden ausreichend vorhanden.

Bodenanalyse

Sie können von speziell ausgestatteten Labors eine Bodenanalyse durchführen lassen, die dann auch Düngeempfehlungen enthält. Bei der einfachen Bodenprobe wird der Boden auf Phosphor, Kalium und Magnesium untersucht, ebenso werden der pH-Wert und der Humusgehalt gemessen. Da sich diese Werte über den Lauf der Jahre nicht gravierend ändern, braucht man diese Untersuchung nur alle drei bis fünf Jahre durchführen zu lassen. Den Stickstoff-Gehalt sollte man jedoch jedes Jahr im Frühjahr messen.
Zum Entnehmen der Proben hebt man an verschiedenen Stellen im Garten spatentief ein Loch aus. Das ist der Bereich, aus dem die Pflanzen mit ihren Wurzeln die Nährstoffe holen. Vor dem Eintüten und Einsenden alles gut mischen – so erhält man einen durchschnittlichen Wert für seinen Garten.

Düngung

Im Wesentlichen kann zwischen zwei Düngerarten unterschieden werden. Das sind zum einen Düngemittel, die dem Boden in erster Linie Humus zuführen und das Bodenleben aktivieren sollen. Das wird durch Kompost erreicht. Die zweite Düngerart zielt auf die Nährstoffversorgung der Pflanzen ab, insbesondere mit dem Wachstumsmotor Stickstoff. Das wird z. B. durch eine Bodenvorbereitung mit halbverrottetem Mist erreicht, Stickstoff kann den Pflanzen zudem mit pflanzlichen Jauchen zugeführt werden. Denselben Zweck erfüllt Gründüngung, die auf der Eigenschaft mancher Pflanzen basiert, Stickstoff an ihren Wurzeln anzureichern. Außerdem gibt es eine große Palette an organischen und mineralischen Handelsdüngern auf Basis natürlicher Ausgangsprodukte wie Hornspäne und Hornmehl. Die Düngerarten sind nicht streng voneinander abgegrenzt und können miteinander kombiniert werden, z. B. indem die Kompostmiete gemischt mit Stallmist aufgesetzt wird.

Ein Loblied auf den Mist

Mist ist der einfachste und natürlichste Dünger, der unverzichtbar im biologischen Kreislauf von Werden und Vergehen ist. Er enthält alle Nährstoffe, die Pflanzen brauchen, insbesondere Stickstoff, außerdem Phosphor, Kalium, Kalzium, Magnesium, Spurenelemente und organische Substanzen. In der Natur gehören tierische (früher auch menschliche) Exkremente zum Ökosystem, in der Landwirtschaft wird Stallmist auf die Felder ausgebracht, und auch im Garten sollte Mist als tierische Komponente im Ernährungsgefüge für Boden und Pflanzen nicht fehlen. Wo immer es möglich ist, sollten Gärtner eine kleine Mistmiete anlegen und den Kompost damit mischen. Der Mist sollte aus artgerechter Tierhaltung stammen; landwirtschaftliche Viehbetriebe und Reitställe sind meist dankbar für Selbstabholer. Ein

Eine Mistmiete anlegen

Wenn Ihr Grundstück groß genug ist, können sie eine kleine Mistmiete anlegen und sich bei Bedarf bedienen. Geruchsbelästigungen brauchen Sie sich nicht befürchten. Mist riecht nur in frischem Zustand, der Geruch wird bald verflogen sein. Sie sollten aber darauf achten, dass der Mist gut mit Einstreu gemischt ist und als unterste Lage einen Ballen Stroh auf dem Boden ausbreiten. Die Miete muss leicht schräg sein, damit Regenwasser ablaufen kann und sollte mit einer dünnen Schicht Erde oder Kompost bedeckt werden. Falls Sie Gelegenheit dazu haben: Experimente mit verschiedenen Mist-Sorten lohnen sich!

guter Kompromiss sind im Handel erhältliche Dungpräparate wie Guano, der im Prinzip nichts anderes ist als besonders gehaltvoller, getrockneter Vogelmist.

AUSBRINGUNG Frischer Mist sollte höchstens „schleierdünn" auf den Boden ausgebracht und niemals eingearbeitet werden, weil die hoch konzentrierten Stickstoffverbindungen die Wurzeln schädigen, regelrecht „verbrennen" würden. Er sollte zumindest halb verrottet sein. Dazu ist Sauerstoff nötig, weshalb Mist immer mit auflockerndem Stroh vermischt sein sollte. Das ist er in der Regel ohnehin, weil die Ställe mit Stroh eingestreut werden, manchmal auch mit Sägemehl, das im Kompost allerdings nicht so schnell verrottet und ihm eine waldig-säuerliche Note verleiht. Auf gar keinen Fall darf Stallmist gemeinsam mit Kalk ausgebracht werden. Die im Mist enthaltenen Nährstoffe würden durch den Kalk ausgelöst.

Allerlei Mist

- **Rindermist** hat mehrere Verdauungsrunden durch die Kuhmägen hinter sich, ist darum besonders harmonisch in der Rotte und in seinen Bestandteilen ausgewogen. Er liefert neben Stickstoff und Phosphor besonders viel Kalium.
- **Pferdemist** gehört zu den hitzigen Düngern, die gern als Wärmepackung für Frühbeete verwendet werden. Sein Nährstoffangebot ist dem von Rindermist vergleichbar, die Konzentration etwas geringer.
- **Schweinemist** ist ein kalter, wässriger Mist, der fast keinen Kalk enthält, aber viel Stickstoff, Phosphor und Kalium. Er muss unbedingt kompostiert werden, was vergleichsweise lange dauert, danach ist er vielseitig verwendbar.
- **Schaf- und Ziegenmist** ist trocken und hitzig. Er enthält sehr viel Stickstoff und Kali und muss kompostiert werden. Danach leistet er ebenfalls gute Dienste.
- **Geflügelmist** ist mit seinem konkurrenzlos hohen Anteil an Stickstoff und Phosphor sehr attraktiv, in frischem Zustand darum aber auch sehr aggressiv. Er muss unbedingt kompostiert werden.

Guano vom Bauernhof: Hühnermist ist wegen seines hohen Phosphorgehalts zwar besonders wertvoll, darf aber nie frisch ausgebracht werden.

Als Leguminosen gehören Lupinen zu den Stickstoffsammlern und sind eine geschätzte Bienenweide.

Gründüngung

In Ergänzung zu Kompost und Mist ist Gründüngung die natürlichste Methode, für gute Durchwurzelung des Bodens und die Versorgung mit Nährstoffen zu sorgen. Dabei werden Blumen, Kräuter und Gräser ausgesät, die nach den ersten Frösten absterben, dann auf der Erde liegen bleiben oder auch abgeschnitten und zerkleinert werden. Während des Winters wärmen und schützen sie den Boden, im Frühjahr verrotten sie an Ort und Stelle und werden oberflächlich eingearbeitet. Wie alles in der Natur ist auch Gründüngung Teamarbeit, denn die Pflanzen beeinflussen sich wechselseitig in ihren Wirkungen. Es gibt im Fachhandel unterschiedliche Saatgutmischungen, in denen stets Leguminosen (Schmetterlingsblütler) am zahlreichsten vertreten sind. Diese können Stickstoff binden, sind fleißige Wurzler und blühen reichhaltig. Leguminosen sind Lupinen, Klee, Erbsen, Bohnen und Wicken. Gute Pflanzen zur Gründüngung sind zudem die schnell wachsenden Kreuzblütler wie Ölrettich, Senf und Raps und Kräuterpflanzen wie Malven, Lein, Sonnenblumen und Bienenfreund *(Phacelia)*. Wer Wert auf viel organisches Material als Humusgrundlage legt, kann auch Getreidearten und Gräser in sein individuelles Gartengemenge aufnehmen.

Kompost und Mulch

Auf dem Kompost sammeln wir zwar tote Pflanzenteile und Abfälle, er ist aber weder Friedhof noch Abfallhaufen, sondern die Keimzelle für neues Leben. Wichtig ist ein ausgewogenes Verhältnis zwischen Wärme, Luft und Feuchtigkeit. Das Material muss locker und luftig geschichtet werden, damit Mikroorganismen und Regenwürmer ihre Arbeit verrichten können. Erstes Zwischenprodukt ist Mulchkompost, in dem es noch vor Leben wimmelt. Niemals darf dieses Material eingegraben werden. Es wird oberflächlich auf die Beete ausgebracht, wo es weiter arbeitet und das Bodenleben in seiner Umgebung anregt. Auch der reife Kompost – der von feiner, krümeliger Konsistenz ist und aus dem sich die Regenwürmer wieder zurückgezogen haben – wird nicht eingegraben, sondern nur leicht in die Oberkrume eingeharkt.

MULCHEN ❧ Mulchen haben sich Gärtner und Bauern wie so vieles von der Natur als bester Lehrmeisterin abgeschaut. Zumindest in unseren fruchtbaren Breiten gibt es kaum irgendwo nackten Boden. Entweder sind die Flächen von herabfallendem Laub bedeckt oder sie werden in kürzester Zeit „von allein" begrünt. Wie aus dem Nichts breiten sich Wildkräuter aus und bedecken die kahlen Stellen.

Eine warme Mulchdecke verhindert das Austrocknen des Bodens und das unerwünschte Ausbreiten von Wildkräutern, sie schützt vor großer

Hitze, Kälte und Wind und bereichert die Humusschicht. Rasenschnitt, Stroh- und Laubmulch sind geeignete Materialien, die locker auf dem Boden ausgebreitet werden. Der Boden um den Rebstock herum kann auch mit zerkleinertem Rebschnitt abgedeckt werden; allerdings sollte darauf geachtet werden, dass das Grüngut keine Krankheitskeime enthält.

Weitere Düngemittel

Handelsdünger können bei sehr mageren Böden eine zusätzliche Hilfe zur ausgewogenen Nährstoffversorgung sein. Gesteinsmehle werden aus der Verarbeitung von Kalk- und Urgestein gewonnen und tragen dazu bei, etwaige Defizite an Mineralien und Spurenelementen zu beseitigen. Sie können direkt auf den Boden ausgebracht oder mit Kompost vermischt werde. Das gilt auch für sämtliche pflanzliche und tierische Naturdünger wie Algenkalk, Horn-, Blut- und Knochenmehl sowie Holzasche.

TIPP **Im biologischen Weinbau sind Spritzungen mit Baldrian ein Geheimrezept, um der Gefahr von Spätfrösten zu begegnen. Nach Erfahrungen von Winzern bringt eine Behandlung im Frühjahr zwei bis drei Grad mehr Frosttoleranz.**

Jauchen

Pflanzliche Jauchen wurden bereits als hilfreich bei der Schädlingsregulierung vorgestellt. Eine Extra-Dosis dieser Flüssignahrung kann vor allem im frühen Sommer nicht schaden, bevor sich die Fruchtansätze bei unseren Weinstöcken bilden. Klassiker ist die bewährte Brennnesseljauche, die verdünnt auf den Wurzelbereich ausgebracht wird. Für stärkende Pflanzenjauchen können auch Kräuter miteinander kombiniert werden. Geeignet sind Beinwell, Kamille, Löwenzahn, Rainfarn, Zwiebeln und Knoblauch.

Ein vorbildlich aufgebauter Kompost mit einer Abdeckung aus Stroh.

Die Reberziehung

Wenn die Rebe nach eigenem Gusto wachsen dürfte, würde sie schnurstracks und schnurgerade nach oben klettern, bis es nicht mehr weiter geht respektive bis es ein Hindernis zu überwinden gilt. Statt z. B. fleißig unsere Hausfassade zu begrünen, wird sie mit ihrem Haupttrieb immer weiter so lange wandern, bis sie senkrecht Halt findet und sich vielleicht erst in Höhe der Dachrinne in die Breite begeben, um Früchte zu bilden. Das ist nun einmal ihre Natur, seit 80 Millionen Jahren schon. Diese Eigenschaft machen wir uns zunutze, indem wir ihre Wuchsrichtung beeinflussen – das nennt man „Erziehung" oder „Stockaufbau". Der Legende nach war es übrigens ein Esel, der die Menschen den Rebschnitt lehrte. Irgendwo in Palästina soll ein Esel zum Entsetzen der Dorfbewohner kräftig an einem Rebstock geknabbert haben. Doch als der dann besonders große Früchte trug, wurde beschlossen, künftig alle Rebstöcke zu beschneiden.

Das erste Jahr

Um ein stabiles Stämmchen zu erziehen, lassen wir im ersten Jahr ein bis drei Triebe senkrecht nach oben wachsen. Dann werden – ähnlich wie bei Tomaten – regelmäßig alle Seitentriebe entfernt, die aus den Blattachseln am grünen Trieb treiben. In der Winzersprache heißt das Ausbrechen, auch Auspflücken, Ausputzen oder Entgeizen. Dadurch soll erreicht werden, dass sich die

Im ersten Jahr Seitentriebe entfernen.

Rebe ganz auf die Entwicklung eines kräftigen Haupttriebes konzentriert.

Damit der junge Weinstock seinen ersten Winter gut übersteht, wird sein Fuß im späten Herbst mit so viel Muttererde oder krümeligem reifem Kompost angehäufelt, dass die Veredelungsstelle und der untere Stammbereich bedeckt sind. Sollte das obere Rebholz in zu kalten Wintern erfrieren, treiben im Frühjahr aus dem geschützten Pfropfhals neue Augen aus.

Der entscheidende Schnitt

Im Winter des ersten Standjahres wird der Stock auf die gewünschte Endhöhe eingekürzt. Das sollte auf jeden Fall vor dem Austrieb geschehen – also spätestens bis März oder April, um den Stock mit einsetzendem Saftstrom nicht zu sehr „bluten" zu lassen. 60 bis 100 cm haben sich als Stammhöhe bewährt. Der angeschnittene Trieb sollte 8 bis 10 mm stark sein. Ist er zu dünn oder zu kurz, empfiehlt sich ein weiterer Schnitt auf ein bis zwei Augen über der Veredelungsstelle, um erneut mit dem Stammaufbau zu beginnen, den Stock also noch einmal senkrecht wachsen zu lassen.

Das zweite Jahr

Im zweiten Jahr steht der vegetative Aspekt im Vordergrund. Jetzt soll sich die Rebe auf die Bildung von Leitästen und Wurzeln konzentrieren und noch keine Energie auf die Bildung von Trauben verwenden, noch geht' s also auf- und nicht seitwärts. Wir lassen an den Stellen, an denen später Quertriebe gezogen werden sollen, zwei bis vier Triebe stehen. Sie sind für den weiteren Stockaufbau sehr wichtig, denn sie bilden die Grundlage für die erste „Etage" an Spalier oder Erziehungsdraht. Da die Rebe stets nach Höherem strebt, sind die oberen Triebe immer die kräftigsten. Der Trieb, der aus dem obersten Auge wächst, dient der weiteren Verlängerung des Rebstocks und der Anlage weiterer Etagen. Früchte bilden sich nur an den Trieben, die aus den Knospen des Vorjahrestriebs wachsen. Wein fruchtet also genau gesagt am einjährigen Holz, das auf zweijährigem Holz wächst.

Geschnitten wird auf ein bis zwei Augen.

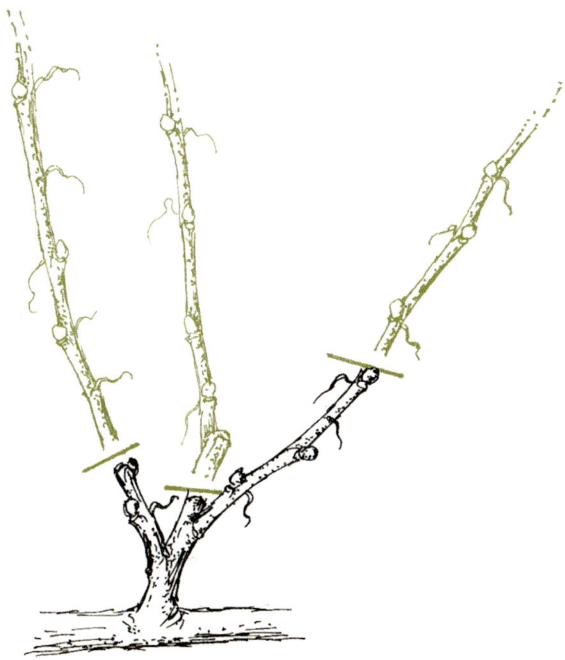

Auch im nächten Jahr schneidet man wieder zurück, um fruchttragende einjährige Triebe zu erhalten.

Schnittführung im Folgejahr.

Das dritte Jahr

Im dritten Jahr werden die zwei bis vier Dauertriebe horizontal auf der Unterstützungsvorrichtung befestigt. So wird in den folgenden Jahren mit den weiteren Etagen verfahren, bis der Weinstock sein Klettergerüst voll belegt hat. Auch im dritten Jahr wird also die Stammverlängerung so geschnitten wie vorher der Stamm und so weiter.

Nur keine Angst

Anfänger dürfen sich von den kompliziert klingenden Anweisungen zum Rebschnitt nicht abschre-

Fachausdrücke beim Rebschnitt

- **Rute:** Trieb auf 8 bis 12 Augen zurückgeschnitten
- **Strecker:** Trieb auf 5 bis 7 Augen zurückgeschnitten
- **Zapfen:** Trieb auf 1 bis 4 Augen zurückgeschnitten
- **Kordons:** waagrecht und senkrecht geführte Gerüstarme
- **Ausbrechen:** Kümmertriebe und zu dicht stehende Austriebe werden kurz nach dem Austreiben entfernt. Am „Fruchtzapfen" sollten höchstens drei bis vier gut entwickelte Triebe stehen bleiben. So bleibt der Rebstock in der gewählten Erziehungsform; zugleich wird eine zu üppige Laubwand verhindert. Der Rebstock soll sich schließlich nicht mit zu viel Blattwerk verzetteln, sondern möglichst viel Energie ins Traubenwachstum stecken.
- **Heften:** Grüne Triebe, die sich nicht von selbst ans Klettergerüst ranken, werden in die gewünschte Richtung gesteckt oder auch befestigt, z. B. mit dehnbarem Plastikband oder mit Bast. So werden die Triebe gleichmäßig am Spalier verteilt und Bruchschäden vermieden.
- **Einkürzen oder Gipfeln:** Nach der Blüte können zu lange Triebe auf maximal zehn Blätter über der letzten Traube abgeschnitten werden. Auch Triebe, die einander behindern und in die nächste Etage des Spaliers hineinwachsen, können gekürzt werden. Es empfiehlt sich vor allem in den Aufbaujahren, die ungestüme Wuchsfreude von Reben im Zaum zu halten. So haben die Trauben genug Platz, um sich optimal zu entwickeln, was Pilzerregern und anderen Schädlingen wiederum die Verbreitung erschwert.
- **Entblättern oder Entlauben:** Im Spätsommer werden die Blätter in der Umgebung von Trauben entfernt. Das verbessert die Reife der Beeren und beugt Pilzkrankheiten vor, insbesondere dem Grauschimmel *(Botrytis)*.

Das richtige Holz schneiden

Mehrjähriges Holz dient dem Stockaufbau und der Erziehungsform, das einjährige Holz ist das Fruchtholz, das die Trauben bringt.

cken lassen. In der Praxis ist alles halb so wild, und der Rebstock verzeiht fast jeden Fehler, denn er ist nicht nur extrem lebens-, sondern auch extrem leidensfähig.

Das allgemeine Ziel des Rebschnitts ist die Balance zwischen der Wüchsigkeit des Stocks und seiner Fruchtbarkeit. Je stärker der Rückschnitt ist, desto mehr wird das Wachstum angeregt und desto weniger Früchte wird er bilden. Die werden aber dafür umso größer und schöner sein. Wichtig ist, den Stock in seinem Höhenwachstum zu begrenzen und sich zu merken, dass die Fruchttriebe aus einjährigem Holz sprießen, das auf zweijährigem steht. Wer diese Grundsätze beherzigt, kann nicht viel falsch machen.

Der einzig wirklich fatale Fehler, den man machen kann, wäre lediglich, den Weinstock von seinen Wurzeln zu trennen.

GUTER RAT Experten raten dazu, die Triebe gleich nach dem Ende der Blüte auf sieben bis zehn Blätter einzukürzen und achten dann besonders auf eine gute Wasserversorgung. In den beiden Wochen nach dem ersten Einkürzen befreien sie zudem die Trauben von Blättern, damit sie ungestört wachsen können. In den weiteren Wochen bis zur Ernte werden die Triebe wieder regelmäßig gebremst („gipfeln"), um die Traubenreife nicht zu behindern und für eine gute Luftzirkulation zu sorgen. So können die Trauben schneller abtrocknen, die Gefahr von Fäulnis ist geringer, die Beeren erhalten mehr Sonne und Luft.

TIPP **Trauen Sie sich ruhig, die Erziehung Ihrer Rebe einem individuellen Schema anzupassen. Sie wächst auch bereitwillig einseitig, wenn die Erfordernisse das verlangen. Sie müssen nur energisch zur Schere greifen!**

Profis über die Schulter geguckt

Die Erziehungsmöglichkeiten sind so verwirrend, dass es vielen Hobbygärtnern vor dem Griff zur Schere graust und sie ihren Weinstock lieber verwildern oder mehr oder minder anarchisch vor sich hin wachsen lassen. Das ist im Prinzip auch in Ordnung, sofern auf die wenigen Schnitt-Grundsätze in seiner Kindheit geachtet wurde und darauf, dass es einerseits genügend „Quertreiber" im Astwerk gibt und andererseits die Trauben nicht in die Triebe hineinwachsen. Die meisten Gärtner wollen ihren Rebstock kombiniert nutzen – nämlich zur ästhetisch ansprechenden Begrünung von Fassade oder Pergola und zugleich zur Gewinnung von Trauben. Der Rebstock darf also flächiger wachsen als in der klassischen Spaliererziehung im Drahtrahmen, wie er im Weinberg üblich ist. Obstbauern und Winzer, die sich im Anbau von Tafeltrauben versuchen, experimentieren nun ihrerseits mehr und mehr mit Erziehungssystemen, die einer Garten-Pergola sehr ähnlich sind.

Profi-Trick

Entfernen Sie in der Reifezeit vor allem alte Blätter aus der Umgebung von Trauben, damit die Rebe möglichst viel Zucker in den Beeren bildet, statt ihn im Blatt zu „verplempern". Grundsätzlich halten sich im Blatt Zuckeraufbau (tagsüber bei Licht und Sonne) und Zuckerabbau nachts die Waage, ältere Blätter „veratmen" aber nachts mehr Zucker als sie tagsüber produzieren. Beim Entlauben sollten pro Trieb acht bis zehn Blätter zur Traubenernährung bleiben.

Wein im Garten

Ähnlich wie Rosen sind Weinreben dominante Einzelgänger, die am jeweiligen Standort den ästhetischen Mittelpunkt bilden. Wenn überhaupt, sollten sie nur sparsam mit großblumigen Prachtstauden kombiniert werden, die leicht eine optische Konkurrenz darstellen können. Rosen, insbesondere wilde und einfache Sorten, können hingegen mit ihrem ebenfalls sehr eigenwilligen Charakter als gleichberechtigte Partner durchaus mit Weinreben harmonieren. Sie werden auch in Weinbergen häufig zu Beginn einer Rebzeile gepflanzt, was allerdings nicht nur optische, sondern auch praktische Gründe hat. Rosen stellen an Boden und Klima nämlich ähnliche Ansprüche wie Weinreben und gelten als Indikatoren vor allem für ein günstiges Pilzklima. Rosen werden zwar von anderen Pilzerkrankungen befallen als Reben, sie zeigen aber an, ob Sporen im Anflug sind und damit generell Gefahr im Verzug ist. Auch im Garten können Reben gut mit Rosen kombiniert werden, z. B. zur flächigen Begrünung einer Hauswand, auf der blühende Rosenranken dem Wein entgegenturnen. Beim Pflanzen muss natürlich auf gebührenden Abstand zwischen Rose und Rebe geachtet werden.

Besonders wilder Wein ist ein dekorativer Kletterer, hier mit Rosen.

Gute Partner

Prachtvolle Gartenstauden wie Pfingstrosen, Rittersporn und Phlox passen eher nicht zu Weinreben. Besser geeignet sind niedrige Wildstauden, Farne, Gräser, Zwiebelblumen und einjährige Blüher, wie sie sich auch in der Natur neben der Rebe ansiedeln könnten. Bei der Planung sollte auf die jeweilige Blühzeit geachtet werden, damit unter und neben dem Weinstock während des ganzen Gartenjahres „durchgeblüht" wird und unsere summenden Freundinnen wie Bienen und Hummeln stets einen gedeckten Tisch vorfinden. Auch der Platzbedarf der Stauden muss berücksichtigt werden, sie sollen sich gruppenweise ausbreiten können und nicht gegenseitig behindern. Es ist besser, sich für weniger Arten zu entscheiden, die kleine, farbige Kleckse bilden, als viele verschiedene Einzelstauden zu pflanzen, die ein unruhiges Bild ergeben. Auch sich ändernde Lichtverhältnisse müssen bedacht werden. Rebstöcke belauben sich schnell, und wenn sie ein Klettergerüst erobern, kann im Lauf der Jahre Schatten sein, wo vorher Sonne war. Als Beetnachbarn kommen darum vor allem Pflanzen in Frage, die auch mit einem schattigen oder halbschattigen Plätzchen zufrieden sind.

Blühendes zu Füßen

Besonderes Augenmerk sollte auf Frühjahrsblüher gelegt werden, die bereits aparte Hingucker sind, wenn die kahle Rebe erst allmählich aus dem Winterschlaf erwacht. Schneeglöckchen *(Galanthus)*, Winterlinge *(Eranthis hyemalis)*, Krokusse *(Crocus vernus)*, Veilchen *(Viola)* und Primeln *(Primula)* bilden zu ihren Füßen blühende Teppiche, zu denen sich wenig später Narzissen *(Narcissus)*, Wildtulpen *(Tulipa tarda* und andere), Vergissmeinnicht *(Myosotis)* und die unverwüstlichen Akeleien *(Aquilegia)* gesellen. Im Sommer werden sie von anspruchslosen Stauden wie diversen Storchschnabel-Arten *(Geranium)*, behäbigen Bergenien *(Bergenia)*, frischen Funkien *(Hosta)* und auch fröhlichen Taglilien *(Hemerocallis)* abgelöst, im Herbst folgen Goldrute *(Solidago)*, Astern *(Aster dumosus, Aster novaeangliae, Aster novi-belgii)* und Herbstanemone *(Anemone hupehensis)*.

FILIGRANES Auch Gräser und Farne sollten nicht vergessen werden, die einen archaischen Zauber ausstrahlen und unsere Rebe vielleicht an vergangene Zeiten im Wald erinnern.

Dieser frei erzogene Rebstock ist ein Blickfang im Garten.

All diese Beispielspflanzen zielen auf ein dauerhaftes Ensemble, das im Lauf der Jahre einen geschlossenen blühenden Teppich bildet. Anfängliche Lücken können mit der Einsaat von ein- und zweijährigen Blumen und Kräutern geschlossen werden, die sich versamen und dann durch den Garten vagabundieren. So entstehen jedes Jahr aufs Neue überraschende Pflanzenbilder. Sie verleihen dem Garten eine wildhafte

TIPP **Wenn Wild- und Kletterrosen dem Wein bei der Fassadenbegrünung helfen sollen, bieten sich Sorten an, die im Herbst knallig-rote Hagebutten bilden. Die leuchten dann mit den Tafeltrauben im bunten Weinlaub um die Wette und begeistern wochenlang mit einem Feuerwerk der Farben.**

Note, die sehr reizvoll sein kann und den urwüchsigen Charakter des Weinstocks unterstreicht. Die Gestaltung der Nachbarschaft für unseren Rebstock ist eine Einladung zu phantasievollen Experimenten, nur zu!

Wein als Kletterakrobat

Jeder kennt den tollkühnen Akrobatik-Akt, den Wilder Wein *(Parthenocissus*, wie *Vitis* eine Gattung aus der Familie der Rebengewächse, *Vitaceae)* an Fassaden vollführen kann – ähnlich wuchsfreudig wie die Ur-Enkel aus dem anderen Familienzweig, die sich an Bäumen hochhangelnden Schlingpflanzen. „Unsere" Reben sind mit Wildem Wein nur weitläufig verwandt, doch auch sie können einen lebendigen, wärmenden Mantel für eine Hauswand bilden, Innen- und Außenwelt verbinden und obendrein den paradiesischen Genuss versprechen, sich direkt aus dem Fenster an reifen Tafeltrauben zu laben.

Waagerecht gezogen bildet Wein ein dichtes Blätterdach.

Kletterhilfen

Tafeltrauben sind keine Selbstklimmer und brauchen darum stabile Stützen, an denen sie sich in die Höhe hangeln können. Geeignet sind

- **Holzspaliere**, die pflanzenfreundlich imprägniert sein sollten.
- **Drahtgitter**, die aus Baustahlgewebe passend zurecht geschnitten werden können. Das Material muss rostfrei sein oder mit einem Rostschutz behandelt werden.
- **Kunststoffgitter**, die im Handel gekauft werden können.
- **Dicke Drähte**, die straff gespannt und stabil befestigt werden müssen. Alle Konstruktionen müssen mit starken Dübeln in der Mauer verankert werden und so stabil sein, dass sie die Last der Pflanzen tragen können. Zur Hauswand muss ein Abstand von etwa 20 cm eingehalten werden. Andres als bei Efeu und Wildem Wein besteht bei Tafeltrauben nicht die Gefahr, dass sie ins Mauerwerk eindringen und dieses schädigen, weil sie keine Haftwurzeln haben, sondern sich um Drähte und Stäbe winden.

TIPP **Denken Sie bei der Konstruktion Ihres Fassadengerüsts an die Fenster. Ratsam ist ein halber Meter Abstand darüber und darunter.**

Pergola und Laube Tafeltrauben erobern jedwedes Klettergerüst, sie lassen sich praktisch zu jeder gewünschten Form erziehen und breiten sich temperamentvoll über Gartenzaun, Laube und Pergola aus. So schirmen sie unseren Sitzplatz vor neugierigen Blicken ab und sind als Alternative zu Rosen einladender Willkommensgruß am Rundbogen, der in den Garten führt.

Sicht- und Sonnenschutz

Wer keinen Platz an Hauswand, Zaun oder Terrasse hat, kann sich mit Hilfe der Tafeltrauben einen grünen Sonnenschirm in den Garten stellen. Sie können sich z. B. aus haltbarem Robinienholz (Akazie), das ohne Imprägnierung auskommt, eine „Wäschespindel" bauen. Der Weinstock wird mit einem geraden Stamm erzogen, um sich oben auf der Spindel quer zu legen.

Mit freistehenden Paravents können Gartenbereiche voneinander abgetrennt und lauschige Sitzplätze gestaltet werden – wichtig sind lediglich stabile Konstruktionen.

Für die Begrünung von Carports sind Tafeltrauben nicht geeignet, schließlich wollen wir gesunde, rückstandsfreie Beeren ernten und essen und keine, die mit Abgasen belastet sind.

Rebstock im Kübel

Die anpassungsfähigen Tafeltrauben lassen sich auch willig im Kübel erziehen. Das ist ein guter Kompromiss für Traubenfans, die keinen Garten, aber Balkon oder Terrasse haben. Das Pflanzgefäß sollte groß genug sein und Platz für mindestens 50 l Erde haben. Als Pflanzsubstrat wird qualitativ hochwertige, torffreie Blumenerde verwendet. Der Gefäßboden muss mit einer Drainageschicht aus Kies oder Blähton versehen werden, damit die Reben nicht unter Staunässe leiden. Im Kübel muss man Rebpflanzen kurz halten. Sie werden dazu an einem stabilen Gerüst aus Holz oder Bambus kultiviert und regelmäßig geschnitten. Wein im Kübel soll zudem sorgfältig mit Nährstoffen versorgt werden. Am einfachsten geht das mit fertigen Substraten aus dem Handel. Im Winter benötigt der Rebstock einen Schutz vor Frost. Man kann ihn dazu in einen dicken Mantel aus trockenem Laub, Stroh oder Styropor einhüllen. Im Winter braucht der Wein zwar weniger Wasser als während der Vegetationsperiode, aber der Wurzelballen darf nicht völlig austrocknen. An frostfreien Tagen das Gießen nicht vergessen.

Wein kann man auch im Kübel ziehen.

Pflanzenschutz an der Rebe

Krankheiten und Schädlinge können den Ertrag und die Entwicklung unserer Weinreben gefährden. Die genauere und vertiefte Kenntnis der Biologie und Lebensweise von Schädlingen und Krankheitserregern erleichtert die Abwehr und Bekämpfung derselben enorm, und erlaubt auch die Anwendung umweltschonender Verfahren.

Vorbeugen ist besser als heilen

Wie in der Humanmedizin ist Prävention auch im ökologischen Wein- und Gartenbau das Gebot der Stunde. Wir Menschen wollen durch gesunde Ernährung und gesunde Lebensweise unser Immunsystem stärken, um erst gar nicht krank zu werden. Hat uns dann aber doch einmal eine Erkältung erwischt, greifen wir nicht gleich zum Antibiotikum, sondern wählen erst einmal „sanfte" Methoden, um die Selbstheilungskräfte unseres Körpers zu stimulieren. Aus dieser Perspektive müssen wir auch unseren Rebstock betrachten. Starke Abwehrkräfte vor allem gegen Pilzerkrankungen bringt er dank der Sortenwahl schon in seinen Genen mit. Gleichwohl ist er nicht immun gegen Schädlinge welcher Art auch immer. Im Bemühen, den Wein vor Angriffen auf seine Gesundheit zu schützen, setzt der ökologische Weinbau nicht auf Vernichtung der Schädlinge, sondern auf Stärkung der Widerstandskraft im Rebstock, auf Aktivierung der Selbstheilungskräfte (auch durch Pflanzengemeinschaften) und auf Hemmstoffe, die eine schädliche Vermehrung von Pilzen, Bakterien und Insekten aufhalten. Krankheitsbekämpfung heißt also im wesentlichen Stärkung und Schutz der Pflanzen.

Was ist gut, was ist böse?

Die Einteilung in „Schädlinge" und „Nützlinge" ist eine Erfindung des Menschen. Die Natur kennt keinen moralischen Unterschied zwischen „guten" und „schlechten" Pflanzen oder Tieren. Jede und jedes ist Mitglied einer ökologischen Gemeinschaft und hat darin bestimmte Funktionen. Auch die Erreger von Krankheiten haben eine Aufgabe: Sie tragen unter anderem dazu bei, die Zahl der Individuen einer Art zu regulieren, so dass nur die stärksten überleben. Krankheit ist also immer ein Zeichen von mangelnder Widerstandskraft, dessen sollten wir uns bei der Behandlung kranker Rebstöcke bewusst sein. Anders als im Weinberg bieten wir den Schädlingen im Garten schon einmal gar keine breite Angriffsfront, so dass deren „Streuverluste" viel größer sind als in einer Monokultur. So sollten wir nicht gleich in Panik verfallen, wenn wir ab und zu ein paar Flecken auf unseren Weinblättern entdecken, sondern tolerant sein und uns überlegen, wie wir es dem Rebstock leichter machen können, sich selbst aus der Patsche zu helfen.

Häufig findet man kranke und gesunde Beeren nebeneinander.

Die Apotheke der Natur

Pilze mögen es bekanntlich feucht. Die beste Vorbeugung gegen Befall sind sorgfältige Laubarbeiten und eine luftige Erziehung der Reben, so dass sie nach Regen schnell abtrocknen können. Befallene Blätter, Gescheine und Trauben sollten entfernt und möglichst nicht auf dem Kompost entsorgt werden, um eine weitere Ausbreitung zu verhindern. Außerdem haben sich vorbeugende und behandelnde Präparate aus der Apotheke der Natur bewährt, die fertig gekauft werden können. Sie werden auf den Boden und direkt auf die Pflanzen gespritzt, um Pilzsporen zu vertreiben. Antibakterielle, fungizide und antivirale Wirkung hat z. B. Propolis, das Wunderheilmittel aus dem Bienenstock, das auch in der Menschenheilkunde mannigfaltig eingesetzt wird, ebenso Kieselpräparate, Algenextrakte, Lecithin, Fenchelöl und mehr.

Pflanzen-Power

Unter den Wildpflanzen gibt es heilsame Multitalente, die wir selbst sammeln und aus denen wir stärkende und heilende Tees und Brühen brauen können. Der Klassiker in der Pilzbekämpfung ist Ackerschachtelhalm, auch Zinnkraut genannt; ähnlich pilzhemmend und abwehrstärkend wirken Brennnessel- und Beinwelljauche, Knoblauchsaft, Rainfarn-, Baldrianblüten- und Zwiebelschalen-Extrakte. Alle diese Kräuter helfen den Reben, feste Blattoberflächen zu bilden,

Baldrian ist nicht nur für die Nerven gut.

sie stärken die Pflanzen insgesamt und wirken abwehrend auf fremde Zuwanderer, nicht zuletzt durch Duftstoffe.

VORBEUGUNG Kräuterbrühen werden in erster Linie vorbeugend gespritzt. Die erste Kräuterspritzung empfiehlt sich gleich mit dem Austrieb der Blätter, also etwa Ende Mai, es schließen sich weitere Behandlungen im Abstand von 10 bis 14 Tagen an, je nach Infektionswetter und Fingerspitzengefühl des Rebgärtners. Es gibt kein Patentrezept für eine Pilzprävention. Ratsam ist, abwechselnd Brühen oder Jauchen auf Brennnessel- und dann auf Zinnkrautbasis zu spritzen. Hobbygärtner werden zum Experimentieren mit eigenen Rezepturen und Mischungen ausdrücklich ermuntert.

Herstellung von Kräuterpräparaten

Um eine Jauche bzw. einen Kaltwasserauszug herzustellen, werden die zerkleinerten Pflanzenteile in ein Gefäß (Tonne oder Eimer) gegeben, das mit Wasser gefüllt wird. Die Flüssigkeit bleibt mindestens zwölf Stunden, längstens drei Tage im Gefäß und wird immer wieder umgerührt, um für Sauerstoffzufuhr zu sorgen. Vor allem Brennnesseln riechen anfangs unangenehm; der lästige Geruch kann mit der Zugabe von Steinmehl oder Baldrian unterdrückt werden. Vor dem Ausbringen mit einer Gießkanne oder Handspritze wird die junge, gärende Jauche gesiebt. Manche Jauche-Experten verpacken das klein geschnittene Kräutermaterial auch in Jutesäcken, bevor sie es in der Tonne versenken. So erspart man sich das Absieben, das ohnehin nur nötig ist, wenn die Flüssigkeit zur Pflanzenstärkung über die Blätter gebraust wird. Wenn sie direkt in den Wurzelbereich gegossen wird, stören Rückstände überhaupt nicht.

- **Brühe:** Die zerkleinerten Pflanzenteile werden 24 Stunden lang eingeweicht, dann 30 Minuten lang geköchelt und abgesiebt.
- **Tee:** Die zerkleinerten Pflanzenteile werden mit kochendem Wasser aufgegossen, 30 bis 60 Minuten lang ziehen gelassen und abgesiebt.

Kräuterbrühen sind wertvolle Düngemittel

Es versteht sich von selbst, dass wir die Zutaten für unsere Mixturen nur abseits von Straßen und in Gebieten sammeln, wo keine Gefahr von Schadstoffbelastung besteht. Selbstverständlich achten wir darauf, Kräuterbestände zu schonen und nicht vollständig „abzurupfen". Alle pflanzlichen Spritzbrühen sind zugleich wertvolle Düngemittel, die als Ergänzung zu Kompost – sie sind kein Ersatz – auch auf den Boden ausgebracht werden können. Jauche darf allerdings erst direkt ins Erdreich und damit an den Wurzelbereich gelangen, wenn sie nicht mehr gärt. Das ist je nach Witterung in eineinhalb bis drei Wochen der Fall, die Jauche hat jetzt eine dunkle Farbe angenommen, sie schäumt nicht mehr. Nun kann man einen Deckel auf das Gefäß legen, weil eine Sauerstoffzufuhr nicht mehr nötig ist. Jauchen sind im Allgemeinen sehr stickstoffreich und müssen vor dem Ausbringen unbedingt mit Wasser verdünnt werden,

TIPP **Die Kräuterflüssigkeiten werden bei trockenem Wetter und bedecktem Himmel vorzugsweise in den Abendstunden ausgebracht, direkte Sonneneinstrahlung muss wegen der Gefahr von Verbrennungen vermieden werden.**

Fliegeneier mit, so dass die Larven sozusagen in ihrem Opfer zur Welt kommen, oder sie fressen sich von außen hinein.

SPINNEN, FLIEGEN, KÄFER Spinnen sind ebenfalls nützliche Räuber, die ihrer Beute auflauern oder sie in Netzen fangen. Über Schwebfliegen im Garten freuen wir uns ebenfalls, weil sie ihre Eier in Blattlauskolonien ablegen. Als

> **TIPP** **Je bunter und artenreicher das Tier- und Pflanzenleben in unserem Garten ist, desto geringer ist die Gefahr, die von Krankheiten oder Schädlingen ausgeht.**

Erwachsene leben sie von Nektar und Pollen, gerne auch auf Gründüngungs-Pflanzen wie der *Phacelia* (Bienenfreund). Pflanzliches Material, kleine Raupen, Blattläuse und Mehltaupilze stehen auf dem Speiseplan von Ohrwürmern, während Weberknechte überwiegend pflanzliches und tierisches Material fressen. Im Weinbau gelten sie als Indikator für die Anwendung von Insektiziden, auf die sie sehr empfindlich reagieren. Wenn Weberknechte auftreten, ist dies ein Zeichen, dass schon seit längerer Zeit nichts gespritzt wurde.

Zur fleißigen Helferschar im Garten zählen auch Laufkäfer, die anderen Käfern, Raupen und Schnecken nachstellen.

VÖGEL Auch Vögel aller Art sehen wir sehr gern im Garten, denn sie sind unschätzbare Helfer bei der Regulierung von Schädlingen. Leider sind Meisen, Rotschwänze, Amseln, Stare und viele weitere nützliche Brutvögel aber auch hemmungslose Beerendiebe. Abgesehen davon, dass sie unsere Ernte dezimieren, gewähren angepickte Beeren weiteren Schädlingen Einlass in den Rebstock. Während wir es den Piepmätzen grundsätzlich mit Nist- und Nahrungsangeboten möglichst gemütlich in unserem Garten machen wollen, bringt uns ihr Appetit auf süße Weintrauben in einen Interessenskonflikt. Wir können versuchen, unsere gefiederten Freunde mit Flatterbändern und Vogelscheuchen vom Weinstock fernzuhalten. Verlässliche Hilfe versprechen Netze. Vor allem aber sollten wir im Garten durch Obstbäume und Beerengehölze Abwechslung für den Speiseplan von Vögeln bereithalten.

Spinnen leisten einen wichtigen Beitrag im Ökosystem.

Heimische Pilzerkrankungen

Grauschimmel (Beerenfäule)

Botrytis cinerea

Während sich Pilzerreger wie Oidium und Peronospora auf Reben spezialisiert haben, ist Botrytis ein Allerweltsbewohner mit einer Auswahl von mehr als 80 Wirtspflanzen. Er ist ein typischer Schwächeparasit, der sich vorwiegend in verletztem Gewebe und in bereits angefressenen oder durch Hagel beschädigten Beeren einnistet.

Abhilfe: Alle Maßnahmen helfen, die ein rasches Abtrocknen der grünen Rebteile fördern. Eine Teilentblätterung im Bereich der Traubenzone fördert die Stabilisierung, allerdings soll der untere Bereich nicht vollständig entfernt werden, da die Blätter zur Zuckereinlagerung beitragen. Wichtig ist eine harmonische Nährstoffversorgung, empfohlen werden pflanzliche Stärkungsmittel wie Schachtelhalmextrakte (siehe gesonderten Abschnitt).

Roter Brenner

Pseudopeziza tracheiphila

Dieser regional begrenzte Schädling ist eine Ausnahmeerscheinung bei den Pilzerkrankungen,

Grauschimmel ist eine häufige Pilzerkrankung.

Schadbild des Roten Brenner

denn er tritt vor allem auf trockenen, humusarmen Standorten auf. Er ruft bei weißen Rebsorten braune, bei roten Sorten rubinrote Flecken an den unteren Blättern hervor. Die Flecken sind von einem gelblichen Rand umgeben und werden durch die Blattadern scharf konturiert. Die befallenen Blätter trocknen ein und fallen ab, so wird das Wachstum der Reben stark in Mitleidenschaft gezogen. Die Infektion beginnt im Boden, wo sich Sporen auf Blattresten ausbreiten und vom Wind auf die Rebblätter geweht werden.

Abhilfe: Der Pilz überwintert im herabfallenden Herbstlaub der Rebe, das darum entfernt werden soll. Vor allem muss die biologische Bodenaktivität verbessert werden, denn in Gesellschaft von Regenwürmern und Co. fühlt sich der Rote Brenner überhaupt nicht wohl. Kompostgaben im Herbst und im zeitigen Frühjahr geben dem Boden hilfreiche Impulse und entziehen dem Pilz die Lebensgrundlagen.

Anzeichen für die Schwarzfleckenkrankheit sind Flecken an Trieben und Stielen.

Schwarzfleckenkrankheit

Phomopsis viticola

Diese Pilzerkrankung wurde erstmals vor rund 50 Jahren beobachtet. Wahrscheinlich gibt es sie schon länger, aufgrund der Symptome wurde sie aber mit anderen Krankheiten verwechselt. Der Pilz befällt Blätter und grüne Rebteile. Die Blätter kräuseln sich, verfärben sich gelb und fallen ab. An Trieben und am Stielgerüst entstehen schwarze Flecken, die später zu länglichen Schiffchen aufreißen. Mit zunehmendem Wachstum kommt es zur Verkahlung der Rebschenkel und letztlich zu Vermorschungen und Absterbeerscheinungen.

Abhilfe: Beim Rebschnitt muss befallenes Holz sorgsam entfernt werden; unter Umständen müssen Wasserschosse zum Neuaufbau des Stockes hochgezogen werden. Ratsam sind allgemeine Stärkungsmaßnahmen durch Kompostgaben und vorbeugende Kräuterspritzungen.

Eutypiose

Eutypa lata

Diese Krankheit ist ein Todesbote. *Eutypa lata* verursacht bei zahlreichen Obstarten, vor allem bei Marillen und anderen holzigen Gewächsen, Absterbeerscheinungen. Der Schlauchpilz kann seine Wirtspflanze nur über frische Wunden infizieren. Er wächst im Holzkörper von Reben und anderen Gehölzen und durchwuchert deren Leitbahnen. Dadurch ist die Wasserversorgung der grünen Teile nicht mehr gewährleistet; sie sterben ab. *Eutypa* ist ein Schwächeparasit, der vorwiegend geschädigte, alte und kranke Reben befällt.

Abhilfe: Befallenes Holz muss entfernt werden, größere Wunden durch Rebschnitt sollte man mit Wundwachs einstreichen. Es kann versucht werden, den Stock mit Wasserschossen neu aufzubauen, sofern diese unterhalb der Befallsherde liegen.

Eingeschleppte Pilzerkrankungen

Echter Mehltau

Uncinula necator

Auch „Piwi"-Sorten können von Mehltau befallen werden, allerdings gehen sie nicht gleich daran zu Grunde, ein Schicksal, das ihren nicht widerstandsfähigen Schwestern ohne chemische Behandlung drohen würde. Die größte Infektionsgefahr besteht von Juni bis August bei feucht-warmem, wechselhaftem Wetter. Der Pilz überwintert in Knospen und Trieben und wächst bereits bei Temperaturen von 5 °C. Zuerst kräuseln sich die jungen Blätter, dann werden sie auf beiden Seiten von einem weißgrauen Belag bedeckt, der später bräunlich-schwarz werden kann. Echter Mehltau befällt auch Gescheine und Trauben. Die Beeren trocknen ein, später befallene platzen auf, wodurch Anschlussinfektionen entstehen können.

Echter Mehltau an Weinbeeren

Falscher Mehltau/Peronospora

Plasmopara viticola

Die Blattfall- oder Lederbeerenkrankheit, wie Rebenperonospora auch bezeichnet wird, gilt im ökologischen Weinbau als die am schwierigsten zu bekämpfende Pilzerkrankung. Falscher Mehltau liebt anhaltend feuchte Witterung, auch er befällt alle grünen Rebteile. Erste Befallsanzeichen sind gelbliche, ölig durchscheinende Verfärbungen auf der Blattoberseite. Danach erscheint auf der Blattunterseite ein weißer Pilzrasen. Befallene Gescheine verfärben sich gelblich-braun und verkümmern. Infizierte Beeren werden rotbraun bis violett und trocknen zu den charakteristischen Lederbeeren ein.

Abhilfe: Der große Wurf zur Abwehr von Oidium und Peronospora – bekanntlich zwei eingeschleppte Fremdlinge unter den Pilzerregern

Peronospora

– ist im ökologischen Weinbau noch nicht gelungen. Das Nonplusultra ist die Wahl von Sorten mit ausreichend Resistenzpotenzial, doch eine Garantie gegen den Befall sind auch die nicht, schon gar nicht in regnerischen Sommern, wenn der Weinberg zum Tischleindeckdich für vermehrungswütige Sporen wird. Auch Biowinzer behelfen sich dann mit Schwefel- und Kupferpräparaten, die sich im konventionellen Weinbau bewährt haben. Allerdings beschränken sie sich in der Dosierung auf ein Minimum, das weit unterhalb europäischer Grenzwerte liegt.

TIPP **Als Alternative zu Spritzungen mit Schwefel hat sich im ökologischen Weinbau Fenchelöl bewährt. Auch mit in Wasser aufgelöstem Backpulver werden gute Erfahrungen gemacht. Besondere Vorsicht vor Pilzerkankungen ist im Hochsommer geboten. Mehltau liebt Wärme, lange Tage und den Morgentau dazwischen.**

Schwefel, den man auch beim Keltern zur Haltbarmachung von Wein verwendet, wird von den meisten Menschen zwar problemlos vertragen, es können aber geschmackliche Rückstände bleiben und immer häufiger klagen Allergiker über Beschwerden. Kupfer wiederum ist ein Schwermetall, das sich nur langsam im Boden abbaut – sonderlich sympathisch sind also beide Mittel nicht und als Gärtner können wir ganz gewiss darauf verzichten. Erstens haben es die spezialisierten Erreger in unserem gärtnerischen Kunterbunt viel schwerer, vom Wind zu den Wirtspflanzen getragen zu werden, und zweitens wächst in der Natur gegen fast jede Krankheit ein Kraut, dessen Wirkweisen wir selbst zu schätzen wissen – und auch unsere Pflanzen. Drittens können wir uns in unserem kleinen Gartenparadies viel intensiver um den einzelnen Rebstock kümmern als der Winzer, von dessen Wissen und praktischen Kenntnissen wir gleichwohl dankbar profitieren.

Falscher Mehltau an Weinbeeren

Tierische Schädlinge

Traubenwickler (Heuwurm, Sauerwurm)

Eupoecilia ambiguella (Einbindiger Traubenwickler), *Lobesia botrana* (Bekreuzter Traubenwickler)

Als Falter ist der Traubenwickler harmlos, als Raupe im Weinberg gefürchtet. Der Einbindige Traubenwickler hat strohgelbe Vorderflügel und eine dunkle Querbinde, seine Raupen sind rotbraun und haben eine schwarze Kopfkapsel. Der Bekreuzigte Taubenwickler hat gelblich-grün-grau marmorierte Flügel, seine Raupen sind grüngrau und haben einen gelben Kopf.

Traubenwickler können im Garten gut unter Kontrolle gehalten werden.

Unabhängig von ihrer Artzugehörigkeit werden die Raupen der ersten Generation „Heuwürmer" genannt, weil sie im Frühsommer während der Heuernte schlüpfen. Sie fressen die Blütenknospen leer und verspinnen die Gescheine mit einem weiß-milchigen Netz. Die Raupen der zweiten Generation im Spätsommer heißen „Sauerwürmer", da sie sich in die unreifen Trauben bohren und das Fruchtfleisch fressen. Zwischen den angebohrten Beeren legt der Sauerwurm einen Gespinstgang an, um sich vor Feinden zu schützen. Die Schadstellen, die der Sauerwurm hinterlässt, sind für Schwächeparasiten wie Botrytis eine einladende Eintrittspforte. Im biologischen Weinbau gilt der Traubenwickler als bedeutendster tierischer Schädling.

Abhilfe: Heu- und Sauerwürmer machen sich meist nicht massenweise breit und können im Garten einzeln entfernt und beseitigt werden. Dies geht ganz einfach mit einer Stecknadel als Sammel- und Tötungswerkzeug, eine zugegebenermaßen etwas brachiale Methode im biologischen Gartenbau.

Ansonsten gilt auch beim Traubenwickler: Je vielfältiger und bunter die Tier- und Pflanzengemeinschaft im Garten ist, desto geringer ist die Gefahr eines Befalls. Mit Nistkästen und Trockenmauern können Tiere in den Garten gelockt werden, bei denen der Traubenwickler in seinen diversen Entwicklungsstadien auf dem Speiseplan steht: Vögel, Eidechsen, Kröten oder Igel, außerdem Schlupfwespen und andere Insekten. Auf die „Konfusionsmethode", wie sie sich im großflächigen Weinbau bewährt hat, müssen Gärtner nicht zurückgreifen, sie sei aber der Vollständigkeit halber und wegen ihrer Originalität erwähnt. Ziel ist die drastische Senkung der Geburtenrate im Volk der Traubenwickler, indem die Winzer Verwirrung im Liebesleben der Falter stiften. Damit das Traubenwicklerweibchen vom Männchen gefunden werden kann, verströmt es einen besonderen Duft, den man synthetisch imitieren und in hoher Konzentration auf dem Weinberg ausbringen kann, so dass die Männchen in ihrer Orientierung hoffnungslos gestört sind, keine Weibchen finden und eine Begattung somit unmöglich ist.

Spinnmilben (Rote Spinne und Gemeine Bohnenspinnmilbe)

Panonychus ulmi und *Tetranychus urticae*

Spinnmilben legen ihre Eier auf der Unterseite von Blättern ab, von denen sich auch die Larven ernähren. Die Blätter verfärben und kräuseln sich an den Rändern. Die Folgen sind Wuchshemmungen und Einbußen bei Ertrag und Qualität der Trauben.

Doppelt hält besser

Viele Winzer schwören bei der Bekämpfung von Milben auf alte Hausmittel wie Seifenkonzentrat und einfaches Speiseöl. Bewährt hat sich die Kombination von beidem: In der ersten Woche werden die befallenen Stellen mit einer Lösung aus einem Liter Wasser und einem Esslöffel „Schmierseife" gespritzt, in der zweiten Woche wird dazu ein Liter Wasser mit einem Esslöffel Öl vermischt. Diese „doppelt gesicherte" Methode sollte den Milben den Garaus machen.

Charakteristisches Gespinst der Spinnmilbe

Rebpockenmilbe (Blattgallmilbe)

Eriophyes vitis

Mit bloßem Auge sind die winzigen, nur 0,15 mm großen Blattgallmilben kaum erkennbar. Sie dringen in die Knospen ein und saugen sie aus, später ziehen sie auf die Blätter um. Das Rebblatt reagiert auf den injizierten Milbenspeichel mit pockenförmigem Erhebungen in der Umgebung der Einstichstelle, die anfangs gelblich bis rötlich sind und sich später bräunlich verfärben. Auf der Blattunterseite sind die „Grübchen" mit dichtem Haarfilz ausgefüllt. Darüber freut sich die Milbe, denn der Filz schützt sie vor Austrocknung und natürlichen Feinden. Rebpockenmilben können den Austrieb verzögern und für kümmerliches Wachstum verantwortlich sein.

Auffällig ist der Befall mit der Rebpockenmilbe.

ben irgendwo zu schaffen machen. Eine ähnliche Affinität üben Blattläuse auf Marienkäfer aus. Bei einer Balance von „Nützlingen" und „Schädlingen" im Garten ist die ordnende Hand des Menschen nicht nötig. Ansonsten können Pockenmilben und andere gekaufte Nützlinge im Garten eingebürgert werden.

Reblaus

Phylloxera vastatrix

Die Reblaus ist als Schädling so gut wie kein Thema in Europa, weil ihr durch die Verwendung von Pfropfreben mit resistenten amerikanischen Unterlagen ein Schnippchen geschlagen wurde. Vereinzelt taucht sie gleichwohl auf; ein Befall ist streng meldepflichtig. Mit ihrem komplizierten Lebensrhythmus richtet sie unter- und oberirdisch schweren Schaden an. Als Wurzelreblaus bohrt sie die Wurzeln an, ernährt sich vom Zellsaft und entzieht der Rebe so die Nährstoffe. Als Blattreblaus

Kräuselmilbe

Calepitrimerus vitis

Auch Käuselmilben sind mikroskopisch klein. Sie überwintern in größeren Gesellschaften in Knospen und Rissen der Rinde, um später Triebspitzen und Blätter zu besiedeln. Die werden an der Unterseite angestochen und ausgesaugt, dann wandern die Milben weiter. Bei starkem Befall kommt es zu Kümmerwuchs und unerwünschten Verzweigungen. Die Blätter krümmen sich nach innen und kräuseln sich. Im Gegenlicht sind die Fraßspuren der Kräuselmilben als sternartige Aufhellungen sichtbar.

Abhilfe bei Spinn-, Kräusel- und Gallmilben: Normalerweise müssen wir uns keine großen Sorgen wegen der kleinen Fresser machen, denn in der Natur stehen etliche Gegenspieler als Regulativ parat. Die bedeutendsten natürlichen Feinde sind Raubmilben, die meist von allein auftauchen, sobald sich Spinn-, Kräusel- und Gallmil-

Gefürchtet: Die Reblaus ist der Schrecken der Winzer.

schwächt sie Wachstum und Fruchtertrag und verzögert die Reife. Die an der Wurzel lebende Reblaus – in der Regel kann sie nur hier Europäer-Reben gefährlich werden – ist etwa 1,5 mm groß, kann bis zu 800 Eier ablegen und sich im Jahreslauf mit fünf bis acht Generation vermehren.

Abhilfe: Die amerikanischen Unterlagen, auf denen unsere Reben wurzeln, können sich gegen die Einstiche der Wurzelrebläuse mit einer Art Korkschicht schützen. Im Übrigen hat auch die Reblaus ihre natürlichen Widersacher, die sie zum Fressen gern haben. Dazu zählen Florfliegen, Marienkäfer, diverse Wanzen und Milben.

Wespe

Vespula vulgaris

Wespen sind die einzigen Insekten, deren Gebiss scharf genug ist, um die dicke Schale einer Traube aufzubeißen. Weil das mühsam genug ist, räumen Wespen eine Beere in der Regel komplett aus, bevor sie die neuen aufbeißen. Unregelmäßige Fraßspuren mit angebissenen und unvollständig gefressenen Beeren stammen dagegen von größeren Räubern wie Feldmäusen, Vögeln, Dachsen und Füchsen. Oft saugen sich Wespen an bereits durch Hagel aufgeplatzte Trauben satt. Wespen können schnell zur Plage werden, zumal die geöffneten Beeren auch Bienen, Fliegen, Pilze und Bakterien anziehen.

Auch Wespen schätzen Fruchtiges.

Abhilfe: Reben können durch seitlich gespannte Netze geschützt werden, alte, transparente Gardinen können gute Dienste leisten. Auch flüssige Fallen helfen. Die Wespen können bei starkem Befall mit Zuckerwasser angelockt werden und sollen darin ertrinken.

Geduld und Toleranz sind gefragt

Wenn überhaupt, so sollten nur solche im Handel erhältliche Pflanzenschutzmittel verwendet werden, die die Aufschrift „nützlingsschonend" tragen. Auch bei der Dosierung ist Vorsicht angebracht. Nach dem Motto „je mehr, desto besser" haben gärtnernde Laien in der Vergangenheit bei der Anwendung von Spritzmitteln gern übertrieben, wie Bodenuntersuchungen in Laubenkolonien und Kleingartenanlagen immer wieder zeigen: Die Belastung mit Rückständen von Dünge- und Pflanzenschutzmitteln (Nitrat, Schwermetalle) ist häufig größer als auf intensiv bewirtschafteten landwirtschaftlichen Flächen. Schon aus Verantwortung gegenüber unserer Umwelt und unserer eigenen Gesundheit zuliebe sollten wir im Privatgarten besser ganz auf den Einsatz von Chemie verzichten. Toleranz ist neben Geduld eine der wichtigsten Eigenschaften von Hobbygärtnern.

Ernte und Verwendung

Die Ernte ist Krönung unserer Bemühungen, die der Rebstock mannigfaltig belohnt. Schon der Anblick der edlen Früchte im wunderschön gefärbten Blattwerk ist beglückend. Ihr Geruch ist von dezentem Adel und herber Frische, sie schmecken unvergleichlich köstlich, und wie sie da so fein glatt, weich und doch fest in der Hand liegen, wird sogar der Tastsinn verwöhnt.

Trauben ernten

Die Ernte zieht sich schon innerhalb eines Stocks über Wochen hin. Idealerweise wachsen im Garten Sorten mit verschiedenen Reifezeitpunkten, die monatelang den Genuss reifer Trauben versprechen. Trauben sollten stets frisch geerntet werden, dann entfalten sie ihr Aroma und ihre gesunde Wirkung am besten. Je nach Sorte beginnt die Ernte im August und kann sich bis November hinziehen.

Der richtige Zeitpunkt

Die Trauben sind reif, wenn sie ihre Farbe geändert haben, z. B. von grün auf gelbgrün oder rotblau übergangen sind. Vor Spannung und Vorfreude werden wir es kaum erwarten können und immer wieder eine Beere aus der Traube zupfen,

> TIPP **Die zähen Traubenstiele sollten nicht von Hand abgebrochen, sondern mit einer guten Gartenschere oder einem scharfem Küchenmesser abgeschnitten werden.**

um festzustellen, wann es endlich so weit ist und wann wir zur Schere greifen können. Mit zunehmendem Zuckergehalt schmecken die Beeren saftiger und süßer und verströmen einen individuell unterschiedlichen Duft. Auch wenn das Naschen der ersten Beeren bereits „Süße" signalisiert, wird die ganze Traube erst nach einigen weiteren Tagen reif sein. Faulende und beschädigte Beeren an reifenden Trauben werden ausgezupft, um eine weitere Infektion zu verhindern.

Erntereife Weintrauben

Frisch von der Rebe

Am besten werden Weintrauben frisch gegessen oder verarbeitet. Sie können nach der Ernte aber noch für einige Zeit aufbewahrt werden, indem man sie kühl und trocken lagert oder an Drähten aufhängt. Vor der Lagerung sollten Trauben nicht gewaschen werden, weil sie sonst schnell faulen. Auf den Beeren setzt sich ein Kondensniederschlag ab, ein so genannter Duftfilm. Dieser Schutzfilm sollte bis zum Verzehr erhalten bleiben. Zum Einfrieren sind Trauben nicht geeignet, weil die Beeren platzen.

ERTRAG Im gewerblichen Tafeltraubenanbau – ab einer Größenordnung von 100 Stöcken – liegen die Einzelerträge zwischen 5 und 10 kg pro Rebstock. Der Ertrag wird bei einer voluminöser erzogenen Rebe größer ausfallen. Die einzelnen Trauben sind dann etwas kleiner als bei kurz gehaltenen Stöcken, ebenso die Beeren. Der Geschmack aber bleibt unvergleichlich köstlich. Unter Umständen kann man das „Verwelken" der Beeren etwas in die Länge ziehen, wenn die Traube wie ein Blumenstrauß ins Wasserglas gestellt wird.

Das Mostgewicht

Während das Beerengewicht in Gramm gemessen wird und Auskunft über das Quantum der Ernte gibt, wird das Mostgewicht in Öchsle (in Österreich: Klosterneuburger Mostwaage) gemessen und gibt Auskunft über den Reifegrad der Trauben. Er wird anhand der im Most gelösten Inhaltsstoffe bestimmt, die zu 90% aus Zucker bestehen. Ein Öchslegrad entspricht 2,6 g Zucker pro Liter, 16 g Zucker pro Liter wiederum entsprechen einem Alkoholgehalt von einem Prozent. Das Mostgewicht verrät also, welcher Alkoholgehalt vom späteren Wein zu erwarten sein wird.

Verschiedene Reifestadien an einer Traube

Inhaltsstoffe und Heilwirkung

Weintrauben und Produkte daraus sind ein wahrer Gesundbrunnen, was die Menschen schon vor Jahrtausenden entdeckt haben. Hippokrates verordnete mit Wasser verdünnten Wein als Schlafmittel, gegen Kopfschmerzen und bei Verdauungsstörungen. Die Römer verwendeten frische Weinblätter zur Wundbehandlung und Rebensaft bei Magen-Darm-Problemen. Römische Legionäre tranken Wein gegen Cholera, Typhus und Ruhr, bevor sie in den Kampf zogen.

Gesunder Cocktail aus frischem Traubensaft

Im Mittelalter verabreichte Hildegard von Bingen gern Kräutertinkturen, deren Hauptbestandteil Rotwein war. Reife Trauben wurden gegen Verstopfung, Fettleibigkeit und Leberleiden empfohlen, unreife Trauben bei Magen- und Kopfschmerzen. Weinblätter bewähren sich seit Jahrhunderten als Kompressenauflage bei Wunden, Ekzemen, Hautunreinheiten, Blutungen und Krampfadern, aber auch als Tee bei Gicht und Rheuma. Der englische Arzt Edward Bach schreibt Weinreben in seiner Blütentherapie auch einen Einfluss auf die Seele zu – sie sollen übermäßigen Ehrgeiz mildern und innere Großmut schenken.

Gehaltvolle Beeren

100 g Trauben enthalten rund 70 kcal, doppelt so viel wie z. B. Erdbeeren. Trauben sind darum ideal für Kuren und Diäten, da sie den Körper entschlacken, aber alle wichtigen Nährstoffe liefern. Durch ihren hohen Wassergehalt ist die Weintraube leicht bekömmlich und in größeren Mengen genossen leicht abführend und Nieren

reinigend. Auch Kalium, Kalzium, Magnesium, Phosphor, Eisen und Vitamin C finden sich in der köstlichen Frucht. Weintrauben wirken zudem stark antioxidativ, was bedeutet, dass die durch die Stoffwechselvorgänge im Körper entstandenen gefährlichen Radikale neutralisiert werden. Sie schützen Herz und Gefäße und mildern Herz-Kreislauf-Erkrankungen. Rote und blaue Trauben enthalten mehr wirksame Substanzen als die hellen, grünen Trauben. Traubenfans bevorzugen oft kernlose Sorten, doch gerade die Kerne enthalten rund 33 % der wirksamen Substanzen. Weintrauben mit Kernen sollten daher bevorzugt werden.

TRAUBENZUCKER Vier Fünftel der Frucht bestehen aus Wasser, der Rest größtenteils aus Kohlehydraten – und zwar in Form von rasch verfügbarem Traubenzucker (Dextrose) und Fruchtzucker (Fruktose). Dieser Zucker ist besonders leicht verdaulich und schnell wirksam. Er geht sofort ins Blut, hebt den Blutzuckerspiegel an und vertreibt Müdigkeit und Konzentrationsschwäche.

TIPP **Die großartige Wirkung der Inhaltsstoffe (gerade als Radikalenfänger) entfalten „Piwi"-Sorten in bis zu viermal höherer Intensität als ihre konventionellen Verwandten.**

SPURENELEMENTE Trauben enthalten auch jede Menge Spurenelemente, die wir zwar nur in ganz geringen Dosierungen brauchen, dies aber unbedingt. Trauben tragen mit Jod, Zink, Kupfer, Mangan und Selen zur Versorgung mit Spurenelementen bei. Letzteres ist besonders wichtig, denn die meisten von uns haben zu wenig Selen im Blut.

VITAMINE Trauben enthalten Vitamin A, und Vitamin C, ungeschlagen sind sie aber als Lieferanten des Vitamin-B-Komplexes, der so wichtig ist für Haut und Haare, Muskeln, Augen, Leber und die Nerven. Außer Vitamin B12, das nur in tierischer Kost vorkommt, enthalten Trauben alle nötigen B-Vitamine.

MINERALSTOFFE Die einmalige Harmonie guter Stoffe in der Traube wird durch ein ausgewogenes Angebot an wertvollen Mineralien komplettiert. Mit einem recht hohen Anteil an Phosphor, Kalium, Natrium, Kalzium und Magnesium spendieren uns Weintrauben lebenswichtige Bausteine für Knochen, Zähne und Bindegewebe, die zudem wesentlich zur Regulierung der Körperflüssigkeit beitragen.

Mit Trauben kuren

Die Schalen der Beeren enthalten verdauungsfördernde Ballaststoffe, die den Darm anregen und zugleich entwässernd wirken. Seit dem Mittelalter haben sich darum herbstliche Traubenkuren bewährt, berühmt ist z. B. die Meraner Traubenkur, bei denen über einen längeren Zeitraum, bis

Rot oder weiß: Weintrauben sind gesund.

zu drei Wochen, täglich bis zu ein Kilogramm Trauben in die Mahlzeiten integriert werden. Trauben enthalten auch Wein-, Apfel- und Zitronensäuren, die den Appetit anregen. Eine Traubenkur dient der allgemeinen Entschlackung, Entgiftung und Stärkung. Sie ist besonders bei Vitaminmangel, Schwächezuständen und nach schweren Krankheiten angesagt.

Im einzelnen regulieren Trauben den Blutzuckerspiegel und senken den Cholesteringehalt, sie sind gut für die Verdauung, unterstützen das Immunsystem, gelten als krebshemmend, stärken Herz und Kreislauf, halten die Arterien frei, festigen Haut, Haare und Nägel – kurzum, sie sind ein wahrer Jungbrunnen.

Rundum-Schutz

Blaue Trauben enthalten mehr Gerbstoffe (Tannine) und schmecken darum meist herber als grüne. Die blaue Farbe wird von Flavonoiden erzeugt, die zur Gruppe der Polyphenole und damit zu den Antioxidantien gehören. Sie schützen die Beeren vor Zellschädigungen und wirken beim Menschen vorbeugend gegen Krebs.

Weinblätter schmecken gut und sind gesund.

Auch im Kern der Trauben finden sich Polyphenole, die Schäden durch Freie Radikale im menschlichen Organismus, insbesondere in der Haut, neutralisieren können. Sie bilden ein Schild gegen schädliche Umwelteinflüsse und bekämpfen frühzeitige Hautalterung. Deshalb wurden sie gerade in den letzten Jahren von der Kosmetikindustrie wieder entdeckt. Traubenkernöl hat mit 80 bis 90 % einen sehr hohen Anteil an ungesättigten Fettsäuren und extrem wenig Linolensäure. Darum kann dieses kalt gepresste Öl im Gegensatz zu anderen kalt gepressten Ölen stark erhitzt werden und eignet sich auch zum Braten.

Auch Weinblätter sind Multitalente

Auch die Blätter unseres Rebstocks sind nicht nur schön, sondern ebenfalls sehr gesund und vielseitig verwendbar. Heilende Bestandteile, insbesondere von roten Weinblättern, werden unter anderem zur Behandlung von Venenerkrankungen und Krampfadern verwendet. In der Küche sind frische oder konservierte Weinblätter Grundlage oder würzige Beigabe für viele Gerichte. Der säuerlich-würzige Geschmack von jungen, fein gehackten Ranken gibt Suppen, Salaten und Saucen einen besonderen Pfiff.

Weinblätter werden am besten im frühen Sommer gesammelt, wenn das Gewebe noch zart ist. Die Blätter können getrocknet werden und eignen sich hervorragend zur Zubereitung von Tee, der ein wenig herb schmeckt und bei Durchfall helfen soll. Der Tee kann aus frischen Blättern oder aus solchen, die in einem luftigen, trockenen Raum schonend getrocknet werden und dann monatelang haltbar sind, zubereitet werden.

Die gewaschenen und vom Stiel befreiten Blätter können knapp eine Minute lang blanchiert und mit kaltem Wasser abgeschreckt werden. Dann füllt man sie in ein Schraubverschluss-Glas und erhitzt sie im Sterilisiertopf auf 70 °C. Anschließend lässt man sie im Topf erkalten. So lassen sich die Weinblätter für etwa zwei Jahre problemlos konservieren.

Trauben in der Küche

„In vite vita est" – „In der Traube ist Leben", wussten schon die alten Römer, die im Herbst kulinarische Feste zu Ehren der nahrhaften, gesunden und schmackhaften Früchte zu feiern pflegten. Die Trauben werden immer erst kurz vor dem Verzehr oder der Zubereitung mit lauwarmem Wasser gewaschen. Sie schmecken frisch in Müsli, Obstsalaten, Topfen, sind ein idealer Kuchenbelag und verfeinern auch deftige Gerichte mit ihrem besonderen Aroma. Trauben eignen sich auch hervorragend für Diäten, weil sie satt machen und dem Körper alle wichtigen Nährstoffe zuführen.

Rosinen vom eigenen Weinstock

Da während der Erntezeit meist Weintrauben im Überfluss vorhanden sind, bietet sich ihre Konservierung in Gestalt von Rosinen an. Die dafür bestimmten Beeren bleiben bis zur Überreife an der Traube, dann werden sie geerntet und getrocknet. Im Backofen kann der notwendige Wasserentzug beschleunigt werden. Die Beeren schrumpeln zu einem gesunden Traubenkonzentrat, das zu annähernd 75 % aus Zucker besteht, aber auch die meisten Wirkstoffe der Traube enthält, vor allem Kalium, Kalzium, Magnesium und Eisen. Rosinen enthalten etwa viermal soviel Kalorien wie Trauben und sind darum eine gesunde Kraftnahrung. Korinthen heißen die kleinen, meist kernlosen, dunklen getrockneten Beeren aus Griechenland (nach der Stadt Korinth benannt).

Sultaninen stammen aus der Türkei, werden aber auch aus Griechenland geliefert. Sie sind im Vergleich zu Korinthen heller, größer und saftiger.

Traubensaft

Vor dem Pressen werden die Trauben sorgsam verlesen, von Stielen befreit und gewaschen. Sie sollten um die 70 Öchsle haben, damit das Verhältnis von Zucker und Säure im Saft harmonisch ist. Für kleinere Mengen genügen die kleinen Haushaltsaftpressen. Bei größeren Mengen lohnt sich die Anschaffung einer Obstpresse, die mit bis zu 20 kg Früchten gefüllt werden kann. Die Saftausbeute beträgt bei 10 kg Trauben etwa 6 bis 7 l.

Rosinen aus eigener Herstellung

Eine gehaltvolle Angelegenheit

Beobachten Sie sich selbst einmal beim Trinken von purem Traubensaft und von purem Apfelsaft zum Vergleich. Den Traubensaft werden Sie – unabhängig vom Durst – langsamer schlucken, während Apfelsaft leichter trinkbar ist. Wir können ein Glas annähernd in einem Zug leeren, während wir beim Traubensaft öfter schlucken und zwischendrin pausieren müssen. Die Erklärung ist nahe liegend: Traubensaft ist gehaltvoller, enthält mehr Zucker, ist also schwerer und darum auch schwerer verdaubar. Weintrauben sind bekanntlich die süßesten Früchte, die es gibt, und um unsere Verdauung nicht über Gebühr zu strapazieren, enthalten Tafeltrauben etwas weniger Zucker und mehr Säure als Keltertrauben. In Bezug auf Aroma und Vitamingehalt sind beide gleich.

Soll der ausgepresste Saft weiter zu Gelee verarbeitet werden, muss man ihn nicht eigens klären. Dann soll die natürliche gelierende Wirkung durch im Saft enthaltene Pektinstoffe erhalten bleiben. Auch wer Wert auf die natürliche Trübung seines Traubensaftes legt, wird den Saft zum Konservieren lediglich erhitzen, aber keine Enzyme hinzufügen, die das Pektin spalten.

Konservieren durch Erhitzen Der Saft wird auf etwa 75 °C erhitzt, um Schimmelpilze und Bakterien abzutöten. Rote Rebsorten müssen für ein bis zwei Minuten auf 85 °C erhitzt werden, damit die Zellen platzen und den roten Farbstoff frei geben. Sonst bleibt der Saft von roten Beeren ähnlich hell wie der von grünen.

Sie können den Saft auch kalt in Flaschen füllen und diese im Wasserbad – etwa im Einkochtopf oder im Kessel – erhitzen. Der Topf muss so hoch sein, dass die Flaschen bis zum Hals von Wasser umgeben sind. Hierbei dringt die Wärme verzögert in die Flaschen ein. Sobald die gewünschte Temperatur erreicht ist, werden die Flaschen aus dem Topf genommen, auf möglichst warme Flächen gestellt und sofort mit Gummikappen oder Kronkorken verschlossen.

Abfüllen Alternativ zu diesem Verfahren können Sie den Saft in einem Aluminium- oder Edelstahltopf auf 75 °C erhitzen und mit Hilfe eines Gummischlauches in darunter stehende Flaschen abfüllen. Die absolut sauberen Flaschen müssen zuvor in etwa 50 °C heißem Wasser vorgewärmt worden sein.

Die vorgewärmten Flaschen stellen Sie am besten in eine flache Plastikwanne (Wäschekorb). Die Gummikappen werden in kochendem Wasser sterilisiert und mit Hilfe eines Kaffeelöffels auf den Flaschenhals aufgezogen. Die Flaschen müssen unbedingt bis zum Rand gefüllt werden. Falls ein Luftpolster bleibt, besteht die Gefahr von Schimmelbildung an der Oberfläche.

Gelee aus Weintrauben lässt sich lange aufbewahren.

Traubenmost, es muss nicht immer Wein sein.

SAFT IM KÜHLSCHRANK Ohne Wärmebehandlung bleibt Saft im Kühlschrank höchstens drei Tage lang haltbar, dann setzt die Gärung ein und es entsteht Most oder Federweißer (Sturm). Aus diesem Grund werden Flaschen mit Federweißen nicht verkorkt, sondern nur mit einer Kunststoffhaube verschlossen in den Handel gebracht.

EINFRIEREN Sie können die Säfte natürlich auch einfrieren – sie sind bei Minustemperaturen von 4 bis 5 °C haltbar. Dazu füllen Sie die Flüssigkeit in Dosen oder Plastikbeutel um. Beachten Sie dabei, dass sich der Saft beim Gefrieren ausdehnt. Sie müssen also sowohl in den Dosen als auch im Beutel Raum für das sich vergrößernde Volumen frei lassen.

KÖSTLICHES GELEE Unser frisch gepresster Traubensaft ist die Grundlage für feines, aromatisches Gelee. Der Saft wird mit der gleichen Menge Zucker – bei Gelierzucker auf die Angaben des Herstellers achten – zum Kochen gebracht und eingedickt. Nach etwa 15 Minuten machen Sie eine Gelierprobe. Sie können die etwaige Übersüße des Gelees durch Zugabe von etwas Zitronensaft ausgleichen.

TRAUBENMARMELADE Auch Marmelade ist eine hervorragende Möglichkeit, Trauben zu konservieren. Sie werden mit wenig Wasser in einem Topf kurz aufgekocht, so dass die Beeren aufplatzen. Dann wird die Masse durch ein Sieb gedrückt, damit das Fruchtmus von Schale und Kernen getrennt wird. Das Mus wird mit Gelierzucker und Zitronensaft gemischt und aufgekocht. Nach drei bis vier Minuten wird die Marmelade in vorbereitete, heiß ausgespülte Gläser mit Schraubdeckel gefüllt.

Rezepte

Gefüllte Weinblätter in Zitronen-Ei-Sauce

Zutaten für sechs Portionen:

- 200 g gemischtes Faschiertes (Hackfleisch)
- 150 g Schweinemett
- 2 Zwiebeln
- reichlich Petersilie
- reichlich Dill
- 30 g Langkornreis
- 3 EL Olivenöl
- Salz
- Pfeffer
- 3 Markknochen
- Weinblätter

Delikatesse: gefüllte Weinblätter

Für die Sauce:

- 3 Eier
- Saft von 2 Zitronen

Faschiertes (Hackfleisch) und Schweinemett mischen. Zwiebeln fein hacken, Petersilie und Dill ebenfalls fein hacken und zusammen mit Reis und Öl unter das Fleisch kneten. Die Weinblätter blanchieren, unter fließendem Wasser gründlich abspülen, dann auf einem Handtuch ausbreiten. Auf jedes Blatt ein walnussgroßes Häufchen Füllung geben, eine Blattseite darüber klappen, dann zwei Seiten einschlagen und das Blatt aufrollen. Die Blätter dicht an dicht in einen mittelgroßen Topf setzen. Die Markknochen auf die Blätter legen und $\frac{1}{4}$ bis $\frac{1}{8}$ l Wasser dazu gießen (die Blätter sollen knapp bedeckt sein). Den Topf zudecken, alles zum Kochen bringen und bei milder Hitze ca. 45 Minuten garen.

Kurz vor Ende der Garzeit für die Sauce die Eier mit dem Zitronensaft schaumig schlagen. Die Weinblätter herausnehmen und mit der Sauce begießen. Diese apart-deftige Köstlichkeit wird warm serviert.

Traubenbowle

Zutaten:

- 750 g grüne Trauben
- $\frac{1}{8}$ l weißer Rum
- 750 g leichter, fruchtiger Rotwein

- 700 ml roter Traubensaft
- 1 Flasche trockener Sekt

Trauben heiß abspülen, halbieren und entkernen. Mit dem Rum übergießen und mindestens zwei Stunden kalt stellen. Kurz vor dem Servieren die Trauben in ein Bowlegefäß geben, mit dem Rotwein übergießen und mit Sekt auffüllen.

Traubenstrudel

Wichtig für diese süße Sünde ist das richtige Mehl. Es sollte gröber sein, damit der Teig elastischer wird. Zu kaufen als „Wiener Grießler" oder „Spätzlemehl".

Zutaten für vier bis sechs Personen:

Strudelteig:
- 200 g Mehl
- $\frac{1}{2}$ TL Salz
- 1 EL Öl
- etwa $\frac{1}{8}$ l warmes Wasser

Belag:
- 250 g Topfen (Quark), Rahmstufe
- 2 Eigelb
- 6 EL Zucker
- abgeriebene Zitronenschale
- 1 kg Trauben (gemischt)
- 100 g Butter
- 4 EL Semmelbrösel
- 4 EL gemahlene Mandeln

Das Mehl mit Salz, Öl und soviel Wasser verrühren, bis ein glatter Teig entsteht. Diesen mit bemehlten Händen gründlich und energisch durchkneten. Unter einer vorgewärmten Schüssel (mit heißem Wasser ausspülen) eine halbe Stunde lang ruhen lassen. Der Teig darf nicht kalt stehen, sonst wird er brüchig.

In der Zwischenzeit den Topfen (Quark) mit Eigelb, drei Esslöffeln Zucker und Zitronenschale glatt rühren. Die Trauben abzupfen, halbieren und entkernen.

Überraschen Sie Ihre Gäste mit Traubenstrudel.

Den Teig auf einer bemehlten Arbeitsfläche auf einem Küchentuch auswellen, dann vorsichtig ausziehen, bis er das gesamte Tuch bedeckt. Die ganze Fläche mit flüssiger Butter einpinseln, mit Semmelbröseln, geriebenen Mandeln und dem restlichen Zucker bestreuen.

Die Topfencreme nur auf der halben Fläche verteilen, die Trauben darauf schichten und den Strudel aufrollen. Das geht von ganz allein, indem man das Tuch an der Seite, die mit Füllung bedeckt ist, anhebt.

Mit Hilfe des Tuchs den Strudel auf ein mit Backpapier ausgelegtes Blech befördern und dick mit zerlassener Butter einpinseln. Bei 220 °C eine halbe Stunde backen, bis der Strudel goldbraun geworden ist.

Dazu passt eine **Weinschaumsauce**
Schmeckt am besten, wenn man dazu einen kräftigen Gewürztraminer verwendet.

Zutaten:
- 4 Eigelb
- 3 EL Zucker
- $\frac{1}{4}$ l Weißwein
- Zimt
- Nelken

Eigelb und Zucker schaumig schlagen. In einem Topf Weißwein aufkochen und unter stetigem Schlagen zu den Eigelben geben. Alles zurück in den Topf gießen und unter weiterem Schlagen erhitzen, aber nicht kochen lassen, damit die Eigelbe nicht gerinnen. Den Weinschaum mit Zimt und einer Prise Nelken würzen. Die Sauce kann warm, aber auch gekühlt serviert werden.

Weintrauben auf Feldsalat

Zutaten für vier Portionen:

- 150 g Feldsalat
- 100 g rote Trauben
- 100 g weiße Trauben
- 1 Schalotte
- 30 g Walnüsse
- 2 EL Rotweinessig
- 1 TL Senf
- Salz, Pfeffer
- 3 EL Olivenöl

Den Feldsalat verlesen, waschen, trocknen. Die Trauben lauwarm abspülen, gut abtropfen lassen. Die Schalotte schälen und fein schneiden, die Walnüsse grob zerkleinern. Aus Essig, Senf, Schalotte, Salz, Pfeffer und Öl eine Marinade herstellen. Die Trauben halbieren, wenn nötig entkernen und zusammen mit dem Salat und den Walnüssen in eine Schüssel geben. Die Salatsauce sorgfältig unterheben.

Knackig: Feldsalat mit Trauben

Wein-Gelee als Mitbringsel

Rosinen-Wein-Gelee

Zutaten für sechs Portionen:

- $\frac{1}{2}$ l Gewürztraminer
- 250 g Rosinen
- 1–2 TL Agar-Agar

Für die Sauce:

- 300 g Vanilleeis
- 1 Becher Schlagsahne (200 g)
- Zimt

Wein und Rosinen in einen Topf geben, aufkochen, von der Kochstelle nehmen und 30 Minuten quellen lassen. Die Rosinen abgießen, den Wein abkühlen lassen, mit Agar-Agar verrühren und zwei Minuten aufkochen. Die Rosinen in eine Schüssel geben und mit dem Wein übergießen, zwei bis drei Stunden im Kühlschrank kühlen.

Für die Sauce das Eis mit der Schlagsahne verrühren und mit Zimt abschmecken. Die Sauce erst kurz vor dem Servieren zubereiten. Das Rosinen-Gelee aus der Form stürzen und mit der Sauce auf Desserttellern anrichten.

Versunkener Traubenkuchen

Zutaten für eine Springform von 26 cm Durchmesser:

- 300 g Weintrauben
- 5 Eigelb
- 180 g Zucker
- 80 g weiche Butter
- 180 g Mehl
- ½ Päckchen Backpulver
- 5 Eiweiß
- 4 EL Puderzucker
- (Butter und Mehl für die Form)

Springform ausfetten und mit Mehl bestäuben. Den Backofen auf 200 °C vorheizen.

Die Eigelbe mit der Hälfte des Zuckers und der Butter schaumig rühren. Nach und nach das mit dem Backpulver gemischte Mehl sieben und unter die Eigelbmasse heben. Die Eiweiße mit dem restlichen Zucker steif schlagen und ebenfalls unter den Teig heben. Den Teig in die Form füllen und die Trauben darauf verteilen, dabei leicht mit einem Kochlöffelstiel in den Teig drücken. Den Kuchen auf der zweiten Schiene von unten 50 bis 60 Minuten backen, auf einem Kuchengitter abkühlen lassen und mit dem Puderzucker besieben.

Traubenkuchen, einfach ausprobieren!

Quarkauflauf rundet jedes Essen ab.

Quarkauflauf mit Rosinen

Zutaten für vier Portionen:

- 500 g Magerquark (Magertopfen)
- 100 g Zucker
- 2 Eier
- 1 Päckchen Vanillezucker
- 1 Päckchen Vanillepuddingpulver
- 150 g Rosinen
- geriebene Schale einer unbehandelten Zitrone
- 1 TL Backpulver
- 1 EL Butter

Den Backofen auf 200 °C vorheizen. Alle Zutaten mit Ausnahme der Butter in eine Schüssel geben und sorgfältig zu einer glatten Masse verrühren. Eine runde Auflaufform oder mehrere kleine mit der Hälfte der Butter dünn ausfetten und die Quarkmasse hinein füllen. Die restliche Butter in Flöckchen darauf setzen. Gut 40 Minuten backen. Nach Belieben dekorieren.

Infos & Adressen

Bezugsquellen für pilzwiderstandsfähige Rebsorten

Österreich

Rebschule Franz Gangl
Deutsch Haseldorf 11, A-8493 Klöch
Tel.: 03475/2288
Fax: 03475/228822

Institut für Weinbau Klosterneuburg
Abteilung Rebenzüchtung
Rehgraben 2, A-2103 Langenzersdorf
Tel.: 02244/2286
Fax: 02244/29554

Artner Waldviertler Bio-Baumschulbetrieb
Reichenau am Freiwald
A-3972 Bad Großpertholz
Tel.: 02757/2970
www.artner.biobaumschule.at
artner@biobaumschule.at

Gärtnerei Hick
Landstraße 19, A-3610 Weissenkirchen/Wachau
Tel.: 02715/229
Fax: 02715/2291 30
www.hick-wachau.at
gaertnerei@hick.cc

Schweiz

Rebschule Martin Auer
Lisiloostraße, CH-8215 Hallau
Tel.: 052/681 2627, Fax: 052/681 4563
www.rebschulen.ch
auer@rebschulen.ch

Hansjakob Bauer
Rebschule A. Keller
Gross-See, CH-8451 Kleinandelfingen
Tel.: 052/317 3867, Fax: 052/317 3867

Felix Indermaur
Rebschule Eichholz
CH-9442 Berneck
Tel.: 071/ 7445110, Fax: 071/744 5120
Felix.indermauer@bluewin.ch

Simon Krebs
Rebschule
Brunnmühle 3, CH-2513 Twann
Tel.: 032/315 2074, Fax: 032/ 315 2074

Fredi Löw
Rebschule/Bergreben, CH-4463 Buus
Tel.: 061/841 2423

Andreas Meier
Rebschulweg, CH-5303 Würenlingen
Tel.: 056/297 1000, Fax: 056/297 1001
office@rebschule-meier.ch

Philipp Borili
Pépinières
1. chemin du Coteau, CH-2508 Bevaix
Tel.: 032/846 4010, Fax: 032/846 4011
info@multivitis.ch

Valentin Blattner
Viticulteur encaveur
Sur la Fin, CH-2805 Soyhières
Tel.: 032/423 3266, Fax: 032/423 3267

Station Fédérale de recherches Agronomiques
Section de Viticulture
Domain du Caudoz
21, avenue de Rochettaz
CH-1009 Pully
Tel.: 021/721 1560, Fax: 021/728 9629

Deutschland

Weinbau und Rebenveredelung Antes
Königsberger Straße 4, D-64646 Heppenheim
Tel.: 06252/77101
www.antes-web.de
weinbau.antes@t-online.de

Bayerische Landesanstalt für Wein- und Gartenbau
Herrnstr. 8, D-97209 Veitshöchehim
Tel.: 0931/98010, Fax: 0931/9801550

Bundesanstalt für Züchtungsforschung an Kulturpflanzen
Institut für Rebenzüchtung Geilweilerhof
D-76833 Siebeldingen
Tel.: 06345/410, Fax: 06345/919050

Rebsschule Volker Freytag
Theodor-Heuss-Straße 78
D-67435 Neustadt a. d. Weinstr.
Tel.: 06327/2143
www.rebschule-freytag.de
info@rebschule-freytag.de

Forschungsanstalt Geisenheim
Abteilung Rebenzüchtung
Von-Lade-Str. 1, D-65366 Geisenheim
Tel.: 07622/5020, Fax: 07622/502212

Weinbauschule Krapp
Wolfgang Krapp
Wormser Str. 45, D-67098 Bad Dürkheim-Ungstein
Tel.: 06322/43 54
www.rebschule-krapp.de
info@rebschule-krapp.de

Rebschule Martin
D-67599 Gundheim
Tel.: 06244/803, Fax: 06244/5490
post@rebschule-martin.de

Rebschule Steinman
Sandtal 1, D-97286 Sommerhausen
Tel.: 09333/225, Fax: 09333/1764
www.reben.de
info@reben.de

Rebschule Hartmut Schmidt
Marktbreiter Straße 30, D-97342 Obernbreit
Tel.: 09332/3452, Fax: 09332/3986
info@rebschule-schmidt.de

Staatliches Weinbauinstitut
Merzhauser Staße 119, D-79100 Freiburg
Tel.: 0761/40165-0, Fax: 0761/40165-70
www.landwirtschaft-mlr.baden-wuerttemberg.de/la/wbi/start.htm
poststelle@wbi.bwl.de

Staatliche Lehr- und Versuchsanstalt für Wein- und Obstbau
Traubenplatz 5, Postfach 1309
D-74189 Weinsberg
Tel.: 07134/5040, Fax: 07134/504133

Staatliche Lehr- und Versuchsanstalt für Landwirtschaft, Wein- und Gartenbau Oppenheim
Fachbereich Rebenzüchtung
Georg-Scheu-Str. 1, D-55232 Alzey
Tel.: 06731/95750, Fax: 06731/957520

Register

Wir danken Dr. Volker Jörger vom Staatlichen Weinbauinstitut Freiburg, Johannes Hügle vom Beratungsdienst Ökologischer Weinbau Freiburg und Winzermeister Dirk Brenneisen für die informative und beratende Unterstützung.

IMPRESSUM

E-Mail: buch@avbuch.at, Internet: www.avbuch.at

Die Deutsche Bibliothek – CIP-Einheitsaufnahme
Die Deutsche Bibliothek verzeichnet diese Publikation in der Deutschen Nationalbibliografie; detaillierte bibliografische Daten sind im Internet über http://dnb.ddb.de abrufbar.

PROJEKTLEITUNG: Alexandra Mlakar, avBUCH
REDAKTION: Redaktionsbüro Wolfgang Funke, Augsburg
UMSCHLAG: Ravenstein + Partner, Verden
SATZ UND BILDREPRODUKTION: Hantsch & Jesch PrePress Services OG, 1230 Wien
ILLUSTRATIONEN: Heidi Janicek

DRUCK UND BINDUNG: Westermann Druck, Zwickau
Printed in Germany

ISBN: 978-3-7040-2331-5

Bildquellen

Umschlag: Alice Thinschmidt & Daniel Böswirth

Inhalt:
AgroConcept: Seite 58 o. und u.
Fotolia: Seite 74 l., 75 beide
Wolfgang Funke: Seite 43
Klaus Kuttig: Seite 59
LWG Bayern/Engelhart: Seite 25 u.r. und u.l., 54 u.l. und u.r., 55, 56 u., 60 u.
Wolfgang Redeleit: Seite 30 o. und u., 31, 32, 33, 37, 45
Bildagentur Waldhäusl: Seite 3, 4/5, 6, 7, 8, 10 o. und u., 11, 12 o. und u., 13 o., 14/15, 16 o. und u., 17, 19 o., 22/23, 24 o. und u., 25 o., 34, 35, 36, 38, 42 o. und u., 44 o. und u., 46/47, 49 o. und u., 51 o. und u., 52 o. und u., 53, 61, 62/63, 64 o., 65, 66 o. und u., 67, 68, 69 o. und u., 70, 71, 72 o. und u., 73, 74 r.
Staatliches Weinbauinstitut Freiburg/Jörger: Seite 20, 25 Mitte l. und u.r., 28 o., 48 o., 54 o., 56 o., 57 o., 78
Weingartner Foto: Seite 9, 13 u., 18, 19 u., 28 u., 48, 57 u., 60 o., 64 u., 76